Angela Seifert · Theodor Seifert

Wie verletzte Gefühle heilen können

MIT MÄRCHEN LEBEN

Angela Seifert · Theodor Seifert

Wie verletzte Gefühle heilen können

Schneewittchen

Kreuz

Danièle, Samuel und Marianne gewidmet

Inhalt

*Mein Lieblingsmärchen
von Angela Seifert* 7

Schneewittchen 18

Das neue Schneewittchen 28

Mitten im Winter 31

Das Weibliche und das Männliche 38

Der Tod der Königin 45

Die neue Gemahlin 50

Die böse Frau 55

Das Opfer 62

Die Quest 69

Die mystische Sieben 74

Die Zwerge 81

Der Spiegel 86

Medea 95

Die kosmische Schlange   101

Das verletzte Gefühl   107

Vergiftete Gedanken   112

Der Apfel der Erkenntnis   118

Der gläserne Sarg   128

Vor dem Erwachen   136

Das große Glück   141

Das Paradies auf Erden   146

Anmerkungen   155

Mein Lieblingsmärchen
Von Angela Seifert

Es war einmal ... ein kleines Mädchen, ein kleiner Junge, etwa vier, fünf Jahre alt. In dieser Zeit gab es Ereignisse, die das weitere Leben der/des Kleinen bestimmten ...«
So könnte Ihr eigenes Märchen beginnen. Natürlich kann ich es nicht weiterschreiben, weil ich Sie und Ihre Geschichte nicht kenne, doch ich kann aus meinen Erfahrungen als Psychotherapeutin einiges erzählen, was Ihnen hilfreich sein könnte, selbst ein wenig Klarheit in Ihre Lebensgeschichte zu bringen – wenn das Ihr Anliegen ist.

In der Transaktionsanalyse, die der amerikanische Psychiater und Psychotherapeut Eric Berne begründet hat, arbeiten wir auch mit den Lieblingsmärchen aus der Kindheit und den Geschichten, die später im Leben bedeutungsvoll für die/den Betreffende/n geworden sind.

Wenn Sie wollen, können Sie einmal schauen, ob Sie Ihr persönliches Skriptmuster, Ihr Lebensdrehbuch im Märchen *Schneewittchen* entdecken.

An welche Ereignisse erinnern Sie sich, als Sie vier oder fünf Jahre alt waren? Wie haben Sie sich damals in der Familie, in der Sie aufgewachsen sind, erlebt? Am besten, Sie schreiben erst einmal alles auf, was Ihnen einfällt.

Und wenn Sie noch ein Übriges tun wollen, um Ihrer Skriptgeschichte auf den Grund zu gehen, empfiehlt es sich, bevor Sie weiterlesen und vor allem, bevor Sie das Märchen noch einmal lesen, eine kurze Inhaltsangabe des Märchens aus dem Gedächtnis aufzuschreiben, nach dem, was Sie davon noch erinnern. Sie soll wirklich nur kurz sein, fassen Sie das für Sie Wesentliche in wenigen Sätzen zusammen.

Falls Sie sich darüber hinaus noch an ein Buch, Theaterstück, Kinofilm erinnern, das/der Sie in der Zeit der Pubertät, also zwischen 12 und 18 Jahren, sehr beeindruckt hat, schreiben Sie auch eine kurze Zusammenfassung davon. Und wenn Sie dann noch Lust zu weiteren Recherchen über Ihren unbewussten Lebensplan haben, überlegen Sie, welche Geschichte Ihnen in den vergangenen zwei bis drei Jahren wichtig war, und verfahren mit ihr wie mit der Zusammenfassung des Märchens und der Pubertätsgeschichte.

Anschließend können Sie schauen, ob Sie ein gemeinsames Thema zwischen dem Märchen und der Geschichte aus den vergangenen zwei bis drei Jahren entdecken. Das Thema der Pubertätsgeschichte wird auch entweder ähnlich sein, oder es zeigt eine Gegenposition auf. Denn die Adoleszenz ist oft eine Zeit der Rebellion, und da konstelliert sich im Heranwachsenden eine Tendenz, das Alte, Vertraute aufzubrechen, die bis dahin abgelehnte Seite – oft ist es die ureigene, die den Eltern zuliebe unterdrückt wird – in das Verhaltensrepertoire mit aufzunehmen. Die Lieblingsgeschichte aus der Pubertät kann also, falls das Lieblingsmärchen aus der Kindheit und die bevorzugte Lektüre aus jüngster Zeit eine Einseitigkeit und damit eine Einschränkung des Lebendigseins aufweisen, die Lösung beinhalten.

Zu einem »richtigen« Drehbuch für das Theater oder für einen Film gehören ganz bestimmte Rollen:
– die Hauptperson, um die sich das Ganze dreht – in den Märchen Held oder Heldin genannt –, diese Rolle teilt das Kind natürlich sich selbst zu;
– der Widersacher/die Widersacherin, der/die das Leben erschwert – im Märchen tritt diese Person meist als böser Zauberer, Riese, als Hexe oder als Stiefmutter auf –, die das Kind in der Person erlebt, die hauptsächlich seine Spontaneität einschränkt;
– der Retter/die Retterin – z. B. eine gute Fee, ein alter Weiser, oft übernehmen auch hilfreiche Tiere diesen Part –,

diese Rolle überträgt das Kind manchmal einer lieben Oma oder einem verständnisvollen Opa und anderen Menschen, denen es vertraut.
– Dann gibt es auch noch weitere Personen, die unverzichtbar sind, sowie einige Randfiguren, die dazu beitragen, dass die Geschichte unerwartete Verwicklungen erhält, also spannend ist und nicht allzu rasch zu Ende geht.
– Und natürlich, das Wichtigste bei jedem spannenden Drehbuch: Es gibt am Schluss etwas zu gewinnen, eine Prinzessin oder einen Königssohn, einen Schatz, einen Apfel vom Baum des Lebens, und manchmal sogar das eigene Leben.

Aber die Spannung der Geschichte besteht darin, dass es mittendrin oft so aussieht, als sei dieser Gewinn nicht zu erzielen, als sei er für immer verspielt, als müsste am Ende der Held/die Heldin als Verlierer/Verliererin dastehen.

Es ist eben wie im richtigen Leben, denn Drehbücher jedweder Art werden nach den Erfahrungen geschrieben, die das Leben liefert.

Gerade in den Geschichten der frühen Kindheit, also im Vorschulalter, wird das Thema des weiteren Lebens besonders eindrucksvoll deutlich. In diesem Alter sind Kinder sehr aufnahmebereit für alles, was um sie herum geschieht, sie beobachten genau die Menschen, mit denen sie zu tun haben, vor allem natürlich Mutter, Vater und Geschwister, und sie treffen eine, später meist nicht mehr bewusste, Entscheidung. Zum Beispiel kann ein Kind sich sagen: »Ich werde nie mehr meine Gefühle zeigen«, wenn es erlebt, dass seine Gefühle nicht ernst genommen werden. Und als Erwachsene/r wird dieser Mensch dann als überwiegend rational denkend oder gar als gefühlskalt von anderen wahrgenommen. Oder ein Kind sieht, dass jemand in der Familie oft krank ist und deswegen besonders viel Aufmerksamkeit erhält. Es kann sich vornehmen: »Ich werde auch oft krank sein, dann kümmern sich die anderen um mich.« Oder – das ist manchmal bei einem Kind der Fall, das als jüngstes in einer Familie aufwächst – es spürt, dass Mama es am liebsten immer bei sich haben, es nicht eines Tages hergeben möchte, dann kann es sich vornehmen: »Ich verlasse Mama nie. Am besten, ich werde gar nicht wirklich erwachsen.« Daraus wird möglicherweise ein Mensch, der auch im Alter noch kindlich wirkt und von anderen Menschen, z. B. in seinen Partnerschaften, auf ungesunde Weise abhängig bleibt.

Wir nennen diese Schlussfolgerung, die das Kind aus dem zieht, was es in der Familie erlebt – es gibt natürlich noch viel mehr als die hier kurz geschilderten –, seine »Skriptentscheidung«. Sie ist maßgebend für den, zunächst einmal unbewussten, persönlichen Lebensplan, denn die Gefühlsreaktionen und Verhaltensweisen werden um die entsprechende Entscheidung herum aufgebaut.

Als Vor-Bilder, um so ein »Lebensdrehbuch« innerlich »schreiben« zu können, sucht sich das Kind aus den Geschichten, die es hört, diejenigen aus, die am besten zu seiner jeweiligen Entscheidung passen. Zum Beispiel kann es sich mit dem *Schneewittchen* identifizieren, wenn es beispielsweise ein etwas verträumtes und sehr gutgläubiges Kind ist, das oft mit strengem Misstrauen betrachtet und in seiner Zartheit nicht gewürdigt wird, und dieses Märchen zu seinem Lieblingsmärchen erklären, weil es darin beschrieben findet, dass ein Kind seiner Art liebevolle Helfer im Leben findet, die es so lassen können, wie es ist.

So werden die Märchen und Geschichten, die das Kind in der frühen Kindheit hört, zu Leitbildern für ein bestimmtes Muster, für sein Lebensskript. Es projiziert sowohl seine innere Not, seinen Tatendrang und Veränderungswunsch als auch seine Hoffnung, die Möglichkeit der Erlösung und geistigen Bereicherung auf die Gestalten, die ihm das Märchen vorstellt.

Wenn nun jemand sein Lebensskript kennen lernen will, sind dazu die Märchen aus der Kindheit besonders geeignet, weil in ihnen immer – im Gegensatz zu den längeren Geschichten eines Buches – nur ein Thema behandelt wird.

Wenn man viele Lebensgeschichten kennen lernt, fällt auf, dass es für ein Kind zunächst fast immer das Wichtigste ist, seine Eltern glücklich zu machen. Die meisten Kinder tun unheimlich viel für Mama und Papa, wobei dann die Tragik des weiteren Lebens darin besteht, dass sie an dieser »Aufgabe« scheitern. Einem Kind kann es nicht gelingen, dass Mutter und Vater glücklich und gesund sind, dafür können die beiden nur selber sorgen. Zu diesem Zweck kommt das Kind auch nicht auf die Welt. Es wird geboren, um selbst sein Leben zu leben, seinen eigenen Weg zu gehen und sein Glück zu finden. So wie der Held/die Heldin im Märchen. In diesem Märchen ist zu Beginn die Rede davon, dass eine Königin sich sehnlichst ein Kind wünscht, es aber nicht selbst großziehen kann, weil sie gleich nach der Geburt stirbt.

Haben Sie sich vielleicht als kleines Mädchen manchmal von Ihrer Mutter verlassen gefühlt, obwohl diese da war? Wollten Sie deshalb viel für Mama tun, damit sie die Kleine/den Kleinen auch wirklich wahrnimmt? War auch Ihr Vater wenig zu Hause und Sie haben sich angestrengt, etwas Gutes für ihn zu tun, wenn er endlich kam? Haben Sie vielleicht besonders viel Rücksicht genommen und sich ruhiger verhalten, als es Ihrem Temperament entsprochen hat, wenn Mama wieder einmal Kopfweh hatte oder überlastet war, weil sie noch weitere Geschwister versorgen oder Geld verdienen musste? Möglicherweise nahmen Sie sich damals vor, schnell selbstständig zu werden, ihre eigenen Wege zu gehen, um Mama zu entlasten und ihr keine Sorgen zu machen. Vielleicht war Ihr Vater recht stolz auf seine gehorsame Tochter oder auf seinen braven Sohn und Sie wollten ihn nicht enttäuschen und haben versucht, sich möglichst »unsichtbar« zu machen.

Da kann es natürlich schon zu Überforderungen im zarten Kindesalter kommen, und die Folge davon könnte sein, dass Sie später im Leben die an Sie gestellten Aufgaben nicht richtig einschätzen können und sich aus Angst, nicht zu genügen, mehr aufladen, als Sie realistischerweise schaffen können. Oder Sie sind als Erwachsene/r froh, endlich dem Zugriff der strengen Eltern entronnen zu sein, und gehen jetzt Ihr Tagewerk eher verträumt und wenig aufmerksam an, so dass Sie öfter in schwierige Situationen geraten oder Ihnen diese zu spät bewusst werden.

Wie auch immer – eine Zeitlang macht es im Leben wenig aus, wenn man sich über- oder unterfordert, doch auf Dauer kann beides zu unangenehmen Folgen führen. Zumindest wird der schließliche Lebensgewinn dadurch in Frage gestellt.

Hier wäre also für Sie die Frage nach Ihren Begabungen und Fähigkeiten wichtig. Wissen Sie um alle Begabungen, die in Ihnen angelegt sind, also könnten Sie – im übertragenen Sinne – mit sicherer Intuition den Schatz Ihres Lebens finden? Oder meinen Sie, dass Sie sich keine Sorgen um Ihre Zukunft machen müssen, weil ein gutes Schicksal schon für Sie sorgen wird? *Schneewittchen* wird uns ja als eine junge Frau dargestellt, die tapfer und gläubig ihren Weg geht, die keinerlei Misstrauen hegt und davon überzeugt ist, dass die Menschen nur Gutes im Sinn haben und ihr deshalb schon nichts passieren wird. Dieses Vertrauen und die Arglosigkeit, die sie vermittelt, scheinen ja wirklich beneidenswert zu sein. Aber schwingt da nicht so etwas wie eine doch auch gefährliche Naivität mit? In der Tat begegnen uns ja immer wieder Menschen, die ganz unbedarft und wenig überlegt schwierige Aufgaben meistern. Es ist manchmal fast unglaublich, mit wie viel Glück manche durch brenzlige Situationen kommen, als würde ein Schutzengel über sie wachen. Doch manchmal werden gerade diese Menschen mit den dunklen Seiten des Lebens konfrontiert, denen sie sich dann hilflos ausgeliefert fühlen, weil sie nicht gelernt haben, auf diese zu achten, und so auch nicht mit ihnen umgehen können.

Dieses Märchen zeigt, dass die Fähigkeit, alles, was kommt, annehmen und grundsätzlich vertrauen zu können, auch dazu führen kann, gefährliche Situationen auszublenden. Dann kann die Heldin ihres Lebens nicht mehr so sicher sein. Innerpsychisch heißt das, sie hat ihre Sicherheit, die in ihrer Intuition steckt – hier dargestellt im Annehmen der vergifteten Bänder, des giftigen Kammes und schließlich des Apfels –, verloren.

Wenn *Schneewittchen* Ihr Lieblingsmärchen ist, verfügen Sie möglicherweise über das Ur- und Selbstvertrauen, das dieses Mädchen auszeichnet, oder, im Gegenteil, Sie erleben sich oft als ängstlich und misstrauisch, so dass Sie sich das *Schneewittchen* als Vor- und Leitbild gesucht haben.

Denn das Thema dieses Märchens heißt »Vertrauen und Hingabe«.

Schneewittchen geht arglos mit dem Jäger in den Wald, ihm tun dort auch die wilden Tiere nichts und es vertraut sowohl den Zwergen als auch der verkleideten bösen Stiefmutter. Es überlebt sogar deren Anschläge auf sein Leben. Es vollbringt keine großen Taten, wie viele andere Helden und Heldinnen in den Märchen, es bleibt eher passiv und dennoch erreicht es das große Glück.

Wie passt das zu Ihrem persönlichen Lebensthema?

Kann es sein, dass auch Sie sich als Kind aufgrund einer Einsamkeit, die Sie erlebten, auf ein gutes, mütterlich wohlwollendes Schicksal verlassen haben? Vielleicht waren Ihre Eltern wenig liebevoll oder sie haben das kleine Mädchen/ den kleinen Jungen viel allein gelassen, so dass es/er sich Trost in der Natur und in aufregenden Phantasien gesucht hat? Oder, im Gegenteil, Vater und Mutter hatten immer etwas auszusetzen an der Tochter/an dem Sohn und haben sie/ihn damit »aus dem Haus gejagt«?

Welche Konsequenz hat das kleine Mädchen/der kleine Junge, das/der Sie damals gewesen sind, daraus gezogen, bzw. welche Entscheidung hat sie/er getroffen? »Ich werde einmal ...« – wie geht der Satz für Sie weiter?

Wenn Sie diesen zentralen Satz Ihres Lebensdrehbuchs gefunden haben auch aufgrund der drei Geschichten, die Sie als Zusammenfassungen schrieben, dann schauen Sie jetzt einmal, ob Sie ihm bisher gefolgt sind und ob Sie ihm weiterhin folgen wollen.

Die so genannte Skriptentscheidung ist für das Kind eine optimale Möglichkeit zur notwendigen Lebensbewältigung. Es fasst den Entschluss ja aus den Gegebenheiten, die es in der Familie vorfindet, in die es hineingeboren wurde. Es hat die Menschen seiner Umgebung bis zu diesem Zeitpunkt gut genug kennen gelernt, um abschätzen zu können, auf welche Art und Weise es größtmögliche Bestätigung und Zuwendung erhält. Denn darauf ist jedes Kind in höchstem Maße angewiesen. Erwachsene brauchen sie natürlich auch, doch in der Kindheit sind Bestätigung und Zuwendung lebensnotwendig.

Insofern ist jede Skriptentscheidung eine kreative, bestmögliche Lösung für das Kind in dem Leben, wie es sich ihm stellt. Erst später merken die Erwachsenen dann oft, dass diese Grundsätze, die das Kind sich damals gegeben hat, heute nicht mehr so recht passen, dass sie das Leben einengen, dass sie eher ein Gefängnis sind, als einen weiten Spielraum für die vielfältigen Lebensmöglichkeiten zu lassen.

Das Bekannte bietet ja Sicherheit, während das Unbekannte erst einmal Angst machen kann. Aus diesem Grund halten dann Menschen manchmal lieber an alten Mustern fest, als sich neuen Erfahrungen zu öffnen.

Im Märchen *Schneewittchen* ist sowohl die Notwendigkeit einer gesunden Realitätsentwicklung wie auch des natürlichen Gefühls für das Wesentliche sehr deutlich beschrieben: *Schneewittchen* muss den schwierigen Weg gehen, den das Weibliche uns vorgibt, das sowohl das Leben der Frauen, als in seinem Inneren auch das des Mannes bestimmt. Es wird konfrontiert mit den Widersprüchen im Leben. Es erlebt das Gute, Reine in sich selbst und das Böse in der Stiefmutter, doch letztendlich erkennt es, dass beides in ihm vereint ist.

Vielleicht ist Ihnen das ja auch ein Anliegen: sich selbst immer besser kennen zu lernen, zu entdecken, dass alles, was das Leben ausmacht, in Ihnen selbst verborgen liegt.

Und es gibt noch einen ganz wichtigen Punkt anzusprechen: Eric Berne warnte immer wieder davor, einem inneren, unbewussten »Dämon« anheim zu fallen, der alles, was man sich so schön aufgebaut hat, zunichte machen könnte. Hier liegt die Gefahr darin, sich allzu sorglos, naiv und vertrauensselig in das Abenteuer Leben hineinzugeben.

Es ist sehr wichtig, immer wieder zu bedenken, dass zwei starke Kräfte den Menschen bestimmen: die in das Leben hineindrängenden und die das Leben wieder verlassen wollenden. Sigmund Freud nannte sie »Lebenstrieb«, »Libido« und »Todestrieb«, »Destrudo«. Mit beiden Kräften sollten wir bewusst umgehen, denn alles, was unbewusst verläuft, entzieht sich unserer Kontrolle und Steuerung. Leider handeln viele Menschen selbst-destruktiv, weil sie sich nicht genügend kennen und sich selbst nicht wirklich mögen. Gerade für sie könnte dieses Märchen eine große Hilfe sein, weil es zeigt, wie das Leben verspielt werden kann, wenn man nicht mit offenen Augen, also bewusst durch das Leben geht.

Im alten Griechenland jedoch verstand man unter dem »Daimon« eine inspirierende Kraft. Hier ist sie symbolisiert im *»todesähnlichen Schlaf«*. Das scheint ein Widerspruch zu sein. Doch erst dann, wenn das »Ich-Wollen« aufhört und das »schweigende Schauen« beginnt, kann das Bewusstsein erwachen.

Wenn wir in dem Wort »Daimon« aber den »Dämon« sehen, dann bedeutet es zwar die gleiche Kraft, doch eine, die zerstörerisch wirkt. In diesem Märchen ist sie symbolisiert im Gift, das die »Todesmutter« *Schneewittchen* verabreicht. Anders gesagt: Die größte Stärke, die wir haben, kann zur größten Schwäche werden, und wenn wir meinen, irgendwo eine Schwäche zu spüren, kann insgeheim gerade in ihr eine große Kraft liegen. Das heißt: Uns allen steht ein starker seelischer Energiestrom zur Verfügung, doch müssen wir darauf achten, wie und in welcher Art und Weise wir ihn für uns in Anspruch nehmen, damit er uns dient. *Schneewittchen* nimmt bereitwillig die ihr auferlegte Einsamkeit an. So findet sie sowohl zur Realität, als auch zur Liebe. Wir können mit dieser Energie, der Libido, viel Gutes für uns und andere tun, wir können darauf achten, dass sie unser Leben bereichert und nicht schmälert. So werden wir mit ihrer Hilfe letztendlich zum »Gewinner«. Für das eigene Leben heißt gewinnen: sich ganz individuell, ganz einzigartig, als die und der sie und er gemeint ist, zu entwickeln, alles, was an Begabungen angelegt ist, herauszuholen, zu fördern und schließlich mit sich selbst und der Welt in Einklang und Frieden zu sein.

Um dies zu erreichen, lohnt es sich bestimmt, das Thema und das »Drehbuch« des eigenen Lebens kennen zu lernen, sich also dazu die Geschichten anzuschauen, die uns auf unserem bisherigen Lebensweg begleitet haben.

Ich wünsche Ihnen für diese spannende Suche viel Neugierde und viel Freude.

Angela Seifert · Theodor Seifert

Wie verletzte Gefühle heilen können

Schneewittchen

*E*s war einmal mitten im Winter, und die Schneeflocken fielen wie Federn vom Himmel herab, da saß eine Königin an einem Fenster, das einen Rahmen von schwarzem Ebenholz hatte, und nähte. Und wie sie so nähte und nach dem Schnee aufblickte, stach sie sich mit der Nadel in den Finger, und es fielen drei Tropfen Blut in den Schnee. Und weil das Rote im weißen Schnee so schön aussah, dachte sie bei sich: »Hätt ich ein Kind so weiß wie Schnee, so rot wie Blut und so schwarz wie das Holz an dem Rahmen.« Bald darauf bekam sie ein Töchterlein, das war so weiß wie Schnee, so rot wie Blut und so schwarzhaarig wie Ebenholz, und ward darum das Schneewittchen (Schneeweißchen) genannt. Und wie das Kind geboren war, starb die Königin.

Über ein Jahr nahm sich der König eine andere Gemahlin. Es war eine schöne Frau, aber sie war stolz und übermütig und konnte nicht leiden, dass sie an Schönheit von jemand sollte übertroffen werden. Sie hatte einen wunderbaren Spiegel, wenn sie vor den trat und sich darin beschaute, sprach sie:

»Spieglein, Spieglein an der Wand,
wer ist die Schönste im ganzen Land?«
so antwortete der Spiegel:
»Frau Königin, Ihr seid die Schönste im Land.«

Da war sie zufrieden, denn sie wusste, dass der Spiegel die Wahrheit sagte.

Schneewittchen aber wuchs heran und wurde immer schöner, und als es sieben Jahr alt war, war es so schön wie

der klare Tag und schöner als die Königin selbst. Als diese einmal ihren Spiegel fragte:
   »Spieglein, Spieglein an der Wand,
   wer ist die Schönste im ganzen Land?«
   so antwortete er:
   »Frau Königin, Ihr seid die Schönste hier,
   aber Schneewittchen ist tausendmal schöner als Ihr.«
   Da erschrak die Königin und ward gelb und grün vor Neid. Von Stund an, wenn sie Schneewittchen erblickte, kehrte sich ihr Herz im Leibe herum, so hasste sie das Mädchen. Und der Neid und Hochmut wuchsen wie ein Unkraut in ihrem Herzen immer höher, dass sie Tag und Nacht keine Ruhe mehr hatte.
   Da rief sie einen Jäger und sprach: »Bring das Kind hinaus in den Wald, ich will's nicht mehr vor meinen Augen sehen. Du sollst es töten und mir Lunge und Leber zum Wahrzeichen mitbringen.« Der Jäger gehorchte und führte es hinaus, und als er den Hirschfänger gezogen hatte und Schneewittchens unschuldiges Herz durchbohren wollte, fing es an zu weinen und sprach: »Ach, lieber Jäger, lass mir mein Leben; ich will in den wilden Wald laufen und nimmermehr wieder heimkommen.« Und weil es so schön war, hatte der Jäger Mitleiden und sprach: »So lauf hin, du armes Kind.« – »Die wilden Tiere werden dich bald gefressen haben«, dachte er, und doch war's ihm, als wär' ein Stein von seinem Herzen gewälzt, weil er es nicht zu töten brauchte. Und als gerade ein junger Frischling dahergesprungen kam, stach er ihn ab, nahm Lunge und Leber heraus und brachte sie als Wahrzeichen der Königin mit. Der Koch musste sie in Salz kochen, und das boshafte Weib aß sie auf und meinte, sie hätte Schneewittchens Lunge und Leber gegessen.
   Nun war das arme Kind in dem großen Wald mutterselig allein und ward ihm so Angst, dass es alle Blätter an den Bäumen ansah und nicht wusste, wie es sich helfen

sollte. Da fing es an zu laufen und lief über die spitzen Steine und durch die Dornen, und die wilden Tiere sprangen an ihm vorbei, aber sie taten ihm nichts. Es lief, solange nur die Füße noch fortkonnten, bis es bald Abend werden wollte; da sah es ein kleines Häuschen und ging hinein, sich zu ruhen. In dem Häuschen war alles klein, aber so zierlich und reinlich, dass es nicht zu sagen ist. Da stand ein weiß gedecktes Tischlein mit sieben kleinen Tellern, jedes Tellerlein mit seinem Löffelein, ferner sieben Messerlein und Gäbelein und sieben Becherlein. An der Wand waren sieben Bettlein nebeneinander aufgestellt und schneeweiße Laken darübergedeckt. Schneewittchen, weil es so hungrig und durstig war, aß von jedem Tellerlein ein wenig Gemüs und Brot und trank aus jedem Becherlein einen Tropfen Wein; denn es wollte nicht einem allein alles wegnehmen. Hernach, weil es so müde war, legte es sich in ein Bettlein, aber keins passte; das eine war zu lang, das andere zu kurz, bis endlich das siebente recht war: und darin blieb es liegen, befahl sich Gott und schlief ein.

Als es ganz dunkel geworden war, kamen die Herren von dem Häuslein, das waren die sieben Zwerge, die in den Bergen nach Erz hackten und gruben. Sie zündeten ihre sieben Lichtlein an, und wie es nun hell im Häuslein ward, sahen sie, dass jemand darin gewesen war, denn es stand nicht alles so in der Ordnung, wie sie es verlassen hatten. Der erste sprach: »Wer hat auf meinem Stühlchen gesessen?« Der zweite: »Wer hat von meinem Tellerchen gegessen?« Der dritte: »Wer hat von meinem Brötchen genommen?« Der vierte: »Wer hat von meinem Gemüschen gegessen?« Der fünfte: »Wer hat mit meinem Gäbelchen gestochen?« Der sechste: »Wer hat mit meinem Messerchen geschnitten?« Der siebente: »Wer hat aus meinem Becherlein getrunken?« Dann sah sich der erste um und sah, dass auf seinem Bett eine kleine Delle war, da sprach er: »Wer hat in mein Bettchen getreten?« Die andern kamen gelaufen und riefen: »In meinem hat auch jemand gelegen.« Der siebente aber, als er in sein Bett sah, erblickte Schneewittchen, das lag darin und schlief. Nun rief er die andern, die kamen herbeigelaufen und schrien vor Verwunderung, holten ihre sieben Lichtlein und beleuchteten Schneewittchen. »Ei, du mein Gott! Ei, du mein Gott!«, riefen sie, »was ist das Kind so schön!«, und hatten so große Freude, dass sie es nicht aufweckten, sondern im Bettlein fortschlafen ließen. Der siebente Zwerg aber schlief bei seinen Gesellen, bei jedem eine Stunde, da war die Nacht herum.

Als es Morgen war, erwachte Schneewittchen, und wie es die sieben Zwerge sah, erschrak es. Sie waren aber freundlich und fragten: »Wie heißt du?« – »Ich heiße Schneewittchen«, antwortete es. »Wie bist du in unser Haus gekommen?«, sprachen weiter die Zwerge. Da erzählte es ihnen, dass seine Stiefmutter es hätte wollen umbringen lassen, der Jäger hätte ihm aber das Leben geschenkt, und da wär' es gelaufen den ganzen Tag, bis es endlich ihr Häuslein gefunden hatte. Die Zwerge sprachen: »Willst du unsern Haushalt versehen, kochen, betten, waschen, nähen und stricken, und willst du alles ordentlich und reinlich halten, so kannst du bei uns bleiben, und es soll dir an nichts fehlen.« – »Ja«, sagte Schneewittchen, »von Herzen gern«, und blieb bei ihnen. Es hielt ihnen das Haus in Ordnung: Morgens gingen sie in die Berge und suchten Erz und Gold, abends kamen sie wieder, und da musste ihr Essen bereit sein. Den Tag über war das Mädchen allein; da warnten es die guten Zwerglein und sprachen: »Hüte dich vor deiner Stiefmutter, die wird bald wissen, dass du hier bist; lass ja niemand herein.«

Die Königin aber, nachdem sie Schneewittchens Lunge und Leber glaubte gegessen zu haben, dachte nicht

anders, als sie wäre wieder die Erste und Allerschönste, trat vor ihren Spiegel und sprach:
»Spieglein, Spieglein an der Wand,
wer ist die Schönste im ganzen Land?«
Da antwortete der Spiegel:
»Frau Königin, Ihr seid die Schönste hier,
aber Schneewittchen über den Bergen
bei den sieben Zwergen
ist noch tausendmal schöner als Ihr.«
Da erschrak sie, denn sie wusste, dass der Spiegel keine Unwahrheit sprach, und merkte, dass der Jäger sie betrogen hatte und Schneewittchen noch am Leben war. Und da sann und sann sie aufs neue, wie sie es umbringen wollte; denn solange sie nicht die Schönste war im ganzen Land, ließ ihr der Neid keine Ruhe. Und als sie sich endlich etwas ausgedacht hatte, färbte sie sich das Gesicht und kleidete sich wie eine alte Krämerin und war ganz unkenntlich. In dieser Gestalt ging sie über die sieben Berge zu den sieben Zwergen, klopfte an die Türe und rief: »Schöne Ware feil! feil!« Schneewittchen guckte zum Fenster heraus und rief: »Guten Tag, liebe Frau, was habt Ihr zu verkaufen?« – »Gute Ware, schöne Ware«, antwortete sie, »Schnürriemen von allen Farben«, und holte einen hervor, der aus bunter Seide geflochten war. »Die ehrliche Frau kann ich hereinlassen«, dachte Schneewittchen, riegelte die Tür auf und kaufte sich den hübschen Schnürriemen. »Kind«, sprach die Alte, »wie du aussiehst! Komm, ich will dich einmal ordentlich schnüren.« Schneewittchen hatte kein Arg, stellte sich vor sie und ließ sich mit dem neuen Schnürriemen schnüren: aber die Alte schnürte geschwind und schnürte so fest, dass dem Schneewittchen der Atem verging und es für tot hinfiel. »Nun bist du die Schönste gewesen«, sprach sie und eilte hinaus.

Nicht lange darauf, zur Abendzeit, kamen die sieben Zwerge nach Haus, aber wie erschraken sie, als sie ihr lie-

bes Schneewittchen auf der Erde liegen sahen; und es regte und bewegte sich nicht, als wäre es tot. Sie hoben es in die Höhe, und weil sie sahen, dass es zu fest geschnürt war, schnitten sie den Schnürriemen entzwei: da fing es an ein wenig zu atmen, und ward nach und nach wieder lebendig. Als die Zwerge hörten, was geschehen war, sprachen sie: »Die alte Krämerfrau war niemand als die gottlose Königin: Hüte dich und lass keinen Menschen herein, wenn wir nicht bei dir sind.«

Das böse Weib aber, als es nach Haus gekommen war, ging vor den Spiegel und fragte:
»Spieglein, Spieglein an der Wand,
wer ist die Schönste im ganzen Land?«
Da antwortete er wie sonst:
»Frau Königin, Ihr seid die Schönste hier,
aber Schneewittchen über den Bergen
bei den sieben Zwergen
ist noch tausendmal schöner als Ihr.«
Als sie das hörte, lief ihr alles Blut zum Herzen, so erschrak sie, denn sie sah wohl, dass Schneewittchen wieder lebendig geworden war. »Nun aber«, sprach sie, »will ich etwas aussinnen, das dich zugrunde richten soll«, und mit Hexenkünsten, die sie verstand, machte sie einen giftigen Kamm. Dann verkleidete sie sich und nahm die Gestalt eines andern alten Weibes an. So ging sie hin über die sieben Berge zu den sieben Zwergen, klopfte an die Türe und rief »Gute Ware feil! Feil!« Schneewittchen schaute heraus und sprach: »Geht nur weiter, ich darf niemand hereinlassen.« – »Das Ansehen wird dir doch erlaubt sein«, sprach die Alte, zog den giftigen Kamm heraus und hielt ihn in die Höhe.

Da gefiel er dem Kinde so gut, dass es sich betören ließ und die Türe öffnete. Als sie des Kaufs einig waren, sprach die Alte: »Nun will ich dich einmal ordentlich kämmen.« Das arme Schneewittchen dachte an nichts und ließ die

Alte gewähren; aber kaum hatte sie den Kamm in die Haare gesteckt, als das Gift darin wirkte und das Mädchen ohne Besinnung niederfiel. »*Du Ausbund von Schönheit*«, *sprach das boshafte Weib,* »*jetzt ist's um dich geschehen*«, *und ging fort. Zum Glück aber war es bald Abend, wo die sieben Zwerglein nach Haus kamen. Als sie Schneewittchen wie tot auf der Erde liegen sahen, hatten sie gleich die Stiefmutter in Verdacht, suchten nach und fanden den giftigen Kamm, und kaum hatten sie ihn herausgezogen, so kam Schneewittchen wieder zu sich und erzählte, was vorgegangen war. Da warnten sie es noch einmal, auf seiner Hut zu sein und niemand die Türe zu öffnen.*

Die Königin stellte sich daheim vor den Spiegel und sprach:
»*Spieglein, Spieglein an der Wand,*
wer ist die Schönste im ganzen Land?«
Da antwortete er wie vorher:
»*Frau Königin, Ihr seid die Schönste hier,*
aber Schneewittchen über den Bergen
bei den sieben Zwergen
ist noch tausendmal schöner als Ihr.«
Als sie den Spiegel so reden hörte, zitterte und bebte sie vor Zorn. »*Schneewittchen soll sterben*«, *rief sie,* »*und wenn es mein eigenes Leben kostet.*« *Darauf ging sie in eine ganz verborgene einsame Kammer, wo niemand hinkam, und machte da einen giftigen, giftigen Apfel. Äußerlich sah er schön aus, weiß mit roten Backen, dass jeder, der ihn erblickte, Lust danach bekam; aber wer ein Stückchen davon aß, der musste sterben. Als der Apfel fertig war, färbte sie sich das Gesicht und verkleidete sich in eine Bauersfrau, und so ging sie über die sieben Berge zu den sieben Zwergen. Sie klopfte an, Schneewittchen streckte den Kopf zum Fenster heraus und sprach:* »*Ich darf keinen Menschen einlassen, die sieben Zwerge haben*

mir's verboten.« – »Mir auch recht«, antwortete die Bäuerin, »meine Äpfel will ich schon los werden. Da, einen will ich dir schenken.« – »Nein«, sprach Schneewittchen, »ich darf nichts annehmen.« – »Fürchtest du dich vor Gift?«, sprach die Alte, »siehst du, da schneide ich den Apfel in zwei Teile; den roten Backen iss du, den weißen will ich essen.« Der Apfel war aber so künstlich gemacht, dass der rote Backen allein vergiftet war. Schneewittchen lusterte den schönen Apfel an, und als es sah, dass die Bäuerin davon aß, so konnte es nicht länger widerstehen, streckte die Hand hinaus und nahm die giftige Hälfte. Kaum aber hatte es einen Bissen davon im Mund, so fiel es tot zur Erde nieder. Da betrachtete es die Königin mit grausigen Blicken und lachte überlaut und sprach: »Weiß wie Schnee, rot wie Blut, schwarz wie Ebenholz! Diesmal können dich die Zwerge nicht wieder erwecken.« Und als sie daheim den Spiegel befragte:

»Spieglein, Spieglein an der Wand,
wer ist die Schönste im ganzen Land?«
so antwortete er endlich:
»Frau Königin, Ihr seid die Schönste im Land.«

Da hatte ihr neidisches Herz Ruhe, so gut ein neidisches Herz Ruhe haben kann.

Die Zwerglein, wie sie abends nach Haus kamen, fanden Schneewittchen auf der Erde liegen, und es ging kein Atem mehr aus seinem Mund, und es war tot. Sie hoben es auf, suchten, ob sie was Giftiges fänden, schnürten es auf, kämmten ihm die Haare, wuschen es mit Wasser und Wein, aber es half alles nichts; das liebe Kind war tot und blieb tot. Sie legten es auf eine Bahre und setzten sich alle siebene daran und beweinten es, und weinten drei Tage lang. Da wollten sie es begraben, aber es sah noch so frisch aus wie ein lebender Mensch und hatte noch seine schönen roten Backen. Sie sprachen: »Das können wir nicht in die schwarze Erde versenken«, und ließen einen *durchsichtigen Sarg von Glas machen, dass man es von allen Seiten sehen konnte, legten es hinein und schrieben mit goldenen Buchstaben seinen Namen darauf und dass es eine Königstochter wäre. Dann setzten sie den Sarg hinaus auf den Berg, und einer von ihnen blieb immer dabei und bewachte ihn. Und die Tiere kamen auch und beweinten Schneewittchen, erst eine Eule, dann ein Rabe, zuletzt ein Täubchen.*

  Nun lag Schneewittchen lange lange Zeit in dem Sarg und verweste nicht, sondern sah aus, als wenn es schliefe, denn es war noch so weiß als Schnee, so rot als Blut und so schwarzhaarig wie Ebenholz. Es geschah aber, dass ein Königssohn in den Wald geriet und zu dem Zwergenhaus kam, da zu übernachten. Er sah auf dem Berg den Sarg und das schöne Schneewittchen darin, und las, was mit goldenen Buchstaben darauf geschrieben war. Da sprach er zu den Zwergen: »Lasst mir den Sarg, ich will euch geben, was ihr dafür haben wollt.« Aber die Zwerge antworteten: »Wir geben ihn nicht um alles Gold in der Welt.« Da sprach er: »So schenkt mir ihn, denn ich kann nicht leben, ohne Schneewittchen zu sehen, ich will es ehren und hochachten wie mein Liebstes.« Wie er so sprach, empfanden die guten Zwerglein Mitleiden mit ihm und gaben ihm den Sarg. Der Königssohn ließ ihn nun von seinen Dienern auf den Schultern forttragen. Da geschah es, dass sie über einen Strauch stolperten, und von dem Schüttern fuhr der giftige Apfelgrütz, den Schneewittchen abgebissen hatte, aus dem Hals. Und nicht lange, so öffnete es die Augen, hob den Deckel vom Sarg in die Höhe und richtete sich auf und war wieder lebendig. »Ach Gott, wo bin ich?« rief es. Der Königssohn sagte voll Freude: »Du bist bei mir«, und erzählte, was sich zugetragen hatte, und sprach: »Ich habe dich lieber als alles auf der Welt; komm mit mir in meines Vaters Schloss, du sollst meine Gemahlin werden.« Da war ihm Schneewittchen gut und ging mit ihm, und ihre Hochzeit ward mit großer Pracht und Herrlichkeit angeordnet.

Zu dem Fest wurde aber auch Schneewittchens gottlose Stiefmutter eingeladen. Wie sie sich nun mit schönen Kleidern angetan hatte, trat sie vor den Spiegel und sprach:
»Spieglein, Spieglein an der Wand,
wer ist die Schönste im ganzen Land?«
Der Spiegel antwortete:
»Frau Königin, Ihr seid die Schönste hier,
aber die junge Königin
ist noch tausendmal schöner als Ihr.«
Da stieß das böse Weib einen Fluch aus, und ward ihr so Angst, so Angst, dass sie sich nicht zu fassen wusste. Sie wollte zuerst gar nicht auf die Hochzeit kommen: doch ließ es ihr keine Ruhe, sie musste fort und die junge Königin sehen. Und wie sie hineintrat, erkannte sie Schneewittchen, und vor Angst und Schrecken stand sie da und konnte sich nicht regen. Aber es waren schon eiserne Pantoffeln über Kohlenfeuer gestellt und wurden mit Zangen hereingetragen und vor sie hingestellt. Da musste sie in die rotglühenden Schuhe treten und so lange tanzen, bis sie tot zur Erde fiel.

Das neue Schneewittchen

Schneewittchen ist wieder auferstanden. Nicht nur im Märchen, nachdem ihr der vergiftete Apfelschnitz aus dem Hals geschüttelt wurde, sondern auch in dieser Märchenreihe. Und es hat sich verändert. 1983 wurde »Schneewittchen« – neben »Rumpelstilzchen« – in der Reihe geboren. Inzwischen sind fast zwanzig Jahre vergangen. Was wäre da aus einem lebendigen Kind geworden? Eine neunzehnjährige, fesche junge Frau. Und in dieser Zeit ist im äußeren Leben auch so Vieles anders geworden. Da dachten wir: »Schneewittchen« darf sich wandeln und ein Gewand tragen, das in unsere Zeit passt. Zu diesem neuen Kleid gehört nun nicht nur eine veränderte äußere Aufmachung dieser Reihe, sondern im Falle von »Schneewittchen« eine erweiterte Autorenschaft. Da es sich ja gerade bei diesem Märchen um ein ausgesprochen weibliches Märchen handelt – wir werden noch darauf kommen, was das heißt –, hat sich der bisherige, alleinige Autor, Theodor Seifert, gesagt: »Diesem Text kann weibliches Wissen nur gut tun.« Und so gibt es jetzt ein Autorenpaar für das »Schneewittchen«.

Wir werden uns nun als Paar in die weibliche Welt dieses Märchens einfühlen und dabei entdecken, dass es eigentlich nur eine kleine Verschiedenheit zwischen dem Weiblichen und dem Männlichen gibt. Nein, nicht den berühmt-berüchtigten »kleinen Unterschied«, sondern den, dass das Weibliche für Frauen außen und für Männer innen gilt. Und umgekehrt: da, wo es männlich zugeht, betrifft es den Mann außen und die Frau innen. Das heißt in psychologischer

Sprache: Das eine ist eher bewusst, das andere eher unbewusst. »Eher« meint »nicht ganz«, es gibt jeweils eine Ahnung des anderen. Sonst würden Männer und Frauen sich ja überhaupt nicht verstehen. Doch da ihre Intuition sie immer mehr zu sich selbst führen möchte, sie deshalb spüren, was im anderen ist, möglicherweise in ihm/ihr vorgeht, sind sie fasziniert und finden zueinander. Wenn auch nicht immer glücklich, so doch sehr von einander angezogen. Denn sie vermuten – zu Recht – im anderen auch einen Teil von sich selbst, den sie jedoch bei sich noch nicht so richtig fassen können. So wird die Ahnung, dass da etwas ist, was mich selbst betrifft, zu einer aufregenden Sache. Ging es uns denn nicht schon als Kind so? Da, wo wir spürten, »das hat etwas mit mir zu tun«, wurde es besonders interessant, »... ah, da könnte sich etwas abspielen, was ich noch nicht kenne...«, und schon lief die Phantasie auf vollen Touren. Genau darum geht es auch in den Märchen. Sie schildern – auf der symbolischen Ebene – Ahnungen. Sie erzählen von etwas, was wir alle in uns spüren, von dem wir aber nichts Genaues, nichts Konkretes wissen. Gerade dadurch scheint in den Märchen jedoch für uns das »gewisse Etwas« hindurch, das Geheimnisvolle, eben das, was jeweils unserer »anderen Seite« entspricht, also der eher unbewussten.

Insofern ist kein Märchen absolut weiblich oder männlich, es enthält immer beides. Doch in unterschiedlicher Abstufung. Und die Nuancierung von »Schneewittchen« ist eher weiblich. Aber lassen wir uns überraschen.

Wir werden einen weiten Weg miteinander gehen, den Weg, den auch Schneewittchen zurücklegen musste, über sieben Berge. Und wie immer, wenn man eine längere Reise unternimmt, lernt man viel Neues kennen und erlebt auch bisher Unbekanntes. So werden wir in Schneewittchens Begleitung Einblicke erhalten in Bereiche, die in scheinbar längst vergangenen Zeiten begründet wurden. Doch hierzu möchten wir anmerken, dass der Fluss der Zeit – mit Vergangenheit, Gegenwart und Zukunft – lediglich in unserem Wach-Bewusstsein so erlebt wird. In der Psyche, im seelisch-geistigen Bereich jedoch gibt es keine Zeit, da liegt alles, das scheinbar längst Vergangene und das scheinbar Zukünftige, einträchtig beieinander. In unseren nächtlichen Träumen können wir dies immer wieder erleben, da ist es gang und gäbe und wundert uns überhaupt nicht. Insofern können wir auch Märchen wie Träume betrachten, die uns Botschaften übermitteln, welche unser Leben, unsere Anschauungsweisen und schließlich auch unser Handeln neu beleben, erweitern, interessanter und spannender werden lassen.

Zunächst jedoch müssen wir uns warm anziehen, denn unsere Reise beginnt in der kalten Jahreszeit.

Mitten im Winter

Es war einmal mitten im Winter, und die Schneeflocken fielen wie Federn vom Himmel herab, da saß eine Königin an einem Fenster, das einen Rahmen von schwarzem Ebenholz hatte, und nähte.

Wenn eine Frau im Winter in einem Zimmer sitzt und näht, dann heißt das, sie ist nicht draußen sondern drinnen. Die Geschichte beginnt also mit einer Situation, die sich in einem inneren Raum abspielt. Zum Verständnis eines Märchens ist es ganz wesentlich, die Anfangsbeschreibung genau anzuschauen. Ebenso versteht man einen Traum oder sonst eine Sachlage, wie zum Beispiel ein psychotherapeutisches Gespräch, sehr viel besser und leichter, wenn man sich bewusst macht, wie und wo das jeweilige Geschehen beginnt. Im Aufbau des klassischen Dramas – und letztlich sind alle Geschichten, wenn auch in unendlich vielen Variationen, nach diesem Grundschema aufgebaut – wird die Eingangssituation »Exposition« genannt. In der Psychotherapie mit Transaktionsanalyse sagen wir dazu »das Beachten der Initialtransaktion«. Aus ihr kann man meistens schon den weiteren Verlauf der »Geschichte« – auch jede psychotherapeutische Sitzung ist eine Geschichte mit einem bestimmen Anfang und einem bestimmten Ende – erkennen. Des Weiteren kann man jedes äußere Ereignis mit einem entsprechenden Seelenzustand in Verbindung bringen, denn das Äußere und das Innere lässt sich nicht wirklich von einander trennen, Eines bedingt das Andere. Dies wird, hoffen wir, im Verlauf unserer weiteren Ausführungen immer deutlicher werden.

In diesem Märchen ist also zu Beginn ein Seelenzustand beschrieben, den wir introvertiert nennen, weil die Königin am Fenster sich in einem inneren Raum befindet. Die nach innen gekehrte Sichtweise tritt vornehmlich dann ein, wenn ein Mensch sehr mit sich selbst beschäftigt ist, wenn vieles in ihm/ihr vorgeht, vielleicht vieles auch unverständlich ist, vieles des Nachdenkens wert. Introvertierte Menschen fühlen sich von daher oft nicht verstanden von anderen, die ja nicht in sie hineinsehen können. Sie sind so mit sich selbst und den inneren Vorgängen beschäftigt, dass sie manchmal ihre Mitmenschen gar nicht recht wahrnehmen, was diese dann wiederum komisch finden und vielleicht abweisend reagieren. Sehr häufig übernehmen – auch in unserer heutigen, modernen Zeit – Frauen diesen Part. Sie sind eher auf das Innere bezogen, auf das »Seelenheil«, während der Mann seine Erfüllung in der äußeren Welt sucht. Unsere Schwiegertochter, eine moderne, junge Frau zum Beispiel antwortete uns, als wir sie fragten, wie es für sie sei, dass ihr Ehemann mit dem Fahrrad ganz allein über die Alpen fahren will: »Er braucht es für sein Seelenheil.« So einfach. Das Seelenheil des Mannes ist wichtiger als ihre Sorge, ihm könnte dieses oder jenes passieren. Dabei ist sie keineswegs eine Träumerin, im Gegenteil, sie steht ihre Frau mit zwei kleinen Kindern und einem Beruf, den sie liebt.

Frauen suchen auch eher eine Psychotherapie auf als Männer und sie sind viel mehr an Fragen von Beziehungen, insbesondere Partnerschaften interessiert. Das mag daher kommen, dass sie auf Grund ihrer Fähigkeit, Kinder zu gebären, mit einem gewissen Hang zu inneren Vorgängen ausgestattet sind, was – von der Evolution her gesehen – während einer Schwangerschaft und Stillzeit auch sehr sinnvoll ist.

Sie fühlen sich also zuständig für das Inwendige, für das, was drinnen geschieht, sowohl im alltäglichen Haushalt als auch in dem der Seele. Zum Segen für unsere Welt, müsste man sagen, glücklicherweise gibt es die Frauen, die diesen Job übernehmen. Wenn sie es nicht täten und sich überwiegend wie die meisten Männer draußen aufhalten würden, bekäme das Äußere ein Übergewicht und würde irgendwann »kippen«. Was natürlich nicht heißt, dass alle Frauen nur am Inneren und alle Männer nur am Äußeren interessiert sind. So eine Spaltung wäre zu einfach gedacht, die gibt es auch nicht. Wenn man einzelne Frauen und einzelne Männer genauer anschaut, stellt man fest, dass sich sowohl die introvertierte als auch die extravertierte Einstellung bei beiden Geschlechtern findet. Doch hier geht es um das Verständnis eines bestimmten Märchens und da wird der Zustand beschrieben, dass das Weibliche sich drinnen befindet und das Männliche, der König, tritt zunächst gar nicht auf, er bleibt also »außen vor«.

Die Königin sitzt also allein an einem Fenster und schaut auf die weiß verschneite Landschaft. Es gibt keinen König und keinen Farbfleck, alles ist weiß und kalt, es scheint steril zu sein. Halt, nicht ganz, denn es ist von einem Fensterrahmen aus schwarzem Ebenholz die Rede. Hier taucht der Gegensatz zu weiß auf, womit wir darauf hingewiesen werden, dass in dieser Geschichte eine Polarität beschrieben wird und demzufolge wird es um die Vereinigung von Gegensätzen gehen.

Dieser Fensterrahmen wirkt sozusagen als Fassung für das stille, einsame, einfarbig und einseitig wirkende Bild. Das Märchen beginnt also mit den Farben Weiß und Schwarz, mit hell und dunkel. Ist damit auch gut und böse gemeint?

Die in sich gekehrte Königin neigt möglicherweise dazu, die Realität des Draußen auszublenden. Vielleicht träumt sie von einem Leben, in dem alles hell, schön und gut ist wie die Landschaft, wenn weißer Schnee das Unschöne, Hässliche zudeckt, wenn silbern glitzernde Eiskristalle die dunkle Erde wie ein Brautkleid schmücken.

Vielleicht hat sie Angst vor dem Dunklen, dem Bösen, das sie da draußen vermuten mag. Das ist ja auch verständlich, denn es geht nicht immer hell und sanft zu in dieser Welt. Weder in der äußeren, noch in unserer inneren. Da wie dort herrschen auch Gewalt, Bosheit, Lug und Trug. Das ist einfach so, das kann man nicht ändern, doch man kann lernen, wenigstens einigermaßen vernünftig damit umzugehen. Vielleicht denkt die Königin am Fenster darüber nach, dass es so viel Unbekanntes gibt, dass so viel Unerwartetes passieren kann. Sicherlich macht sie sich so ihre Gedanken, während sie am Fenster sitzt und näht. »Wenn ich ein Kind hätte«, mag sie denken, »müsste es eines Tages hinaus in diese kalte Welt.« Vielleicht schaudert es sie bei dieser Vorstellung. Noch hat sie kein Kind. Vielleicht deshalb nicht, weil es so kalt ist in der Welt. Eine Mutter möchte doch so gerne, dass es ihrem Kind gut geht. »Meine Tochter, mein Sohn soll es einmal besser haben« – wer wünschte das nicht für seine Kinder? »Ob ich überhaupt ein Kind in diese kalte Welt setzen möchte?« fragt sich heute manche junge Frau. »Wenn ich sehe, wie es so zugeht da draußen … will ich einem Kind, meinem Kind das antun?« Vielleicht hat sie deshalb noch kein Kind, die Königin.

Auch wenn sie eine Königin ist, kann sie nicht so ohne Weiteres die äußere Welt ändern. Sie mag mächtig sein in ihrem Schloss, aber hat sie auch Macht über das, was draußen geschieht? Viele Frauen kennen das Gefühl: hier drinnen, da kann ich noch etwas beeinflussen, da kann ich gestalten, da kann ich einiges tun, damit meine Familie sich wohl fühlt, da kann ich ein behagliches Nest einrichten, Blumen auf den Tisch stellen, abends eine Kerze anzünden, ein Gebet vor den Mahlzeiten sprechen, den Kindern Gute-Nacht-Geschichten vorlesen, mit ihnen singen, vor allem an dunklen Winterabenden. Da bin ich noch ein bisschen mächtig, kann Atmosphäre schaffen. Doch wenn sie dann am Morgen hinausgehen in die Kälte des Tages, in diese unbarmherzige Welt ... wie wird es ihnen dort ergehen?

Eine realistische, handfeste Frau wird sich bei solchen Überlegungen fragen: »Was brauchen sie, um da draußen bestehen zu können, um nicht unterzugehen?«

Bei all dem Nachdenken ist die Königin ein bisschen unachtsam geworden und so heißt es weiter im Märchen:

Und wie sie so nähte und nach dem Schnee aufblickte, stach sie sich mit der Nadel in den Finger, und es fielen drei Tropfen Blut in den Schnee.

Doch halt, hier machen wir erst einmal einen Stopp und schauen nach dem König. Wo ist er, während seine Frau am Fenster sitzt, in die kalte, winterliche Welt hinausschaut und über diese nachdenkt? Wo wird er schon sein – wo alle Männer sind, die eine Machtposition bekleiden: in irgendeiner Sitzung, auf einem Kongress, bei einem »Arbeitsessen« oder er sitzt auf dem Thron und erteilt seinen Untergebenen Anweisungen und Arbeit. So war es damals, so ist es heute und so wird es wohl auch noch eine Zeitlang bleiben. Scheinbar hat sich heute die stereotype Aufteilung der täglichen Arbeit zwischen Frauen und Männern verändert, denn es gibt immerhin auch einige Frauen, die im Parlament ihre Stimme erheben, Vorstandsposten in größeren Konzernen oder eine Professur innehaben. Doch sind sie – im Ganzen gesehen – Ausnahmen. Mögen sie ihre Berufstätigkeit zum großen Teil außer Haus verlegt haben und nicht mehr nur im Inneren des Hauses Näharbeiten verrichten, sie bleiben dennoch zuständig für das, was wirklich Arbeit macht, was man mit Händen und Füßen tun muss.

Wir erwähnen diese »Arbeitsteilung« deshalb hier, weil es zur Dynamik des Märchens gehört, dass der König abwesend ist, so wie die meisten Männer heute noch abwesend sind, wenn es um das Inwendige geht. Für eine ruhige Betrachtung der leise fallenden Schneeflocken, in welche die Königin versunken ist, fehlt ihnen die Zeit. Es fehlt ihnen darüber hinaus aber auch der Mut. Denn es könnte, wenn sie sich der Stille aussetzen – und der Schnee dämpft alle Geräusche –, plötzlich etwas in ihrem Inneren die Stimme erheben, es könnte laut werden in ihrem Kopf und nicht erwünschte Fragen, Bedürfnisse, Wünsche, Sehnsüchte könnten sich melden und nach Ausdruck drängen. Diese würden ihr Leben aber schwieriger machen. Weil die Welt da draußen solche nicht zulässt, weil ein Bedürfnis nach stiller Betrachtung weiß verschneiter Winterlandschaft das Tempo der Wirtschaft drosseln und bedeuten würde, dass der Wettbewerb empfindlich gestört wäre. Die Folge davon könnte ein Image- und Prestigeverlust sein. Alles, nur das nicht, heißt es für viele Männer, vor allem für die in den gehobenen Posten, den natürlich ein König bekleidet. Also gestattet er sich nicht, neben seiner Frau am Fenster zu sitzen und die Winterlandschaft zu betrachten.

Von dem französischen Schriftsteller Antoine de Saint-Exupéry gibt es den Ausspruch (sinngemäß): »Liebe ist, wenn zwei Menschen in die selbe Richtung schauen.« Liebe würde also zwischen der Königin und dem König herrschen, wenn beide am Fenster säßen, die Winterlandschaft betrachteten und sich über das austauschten, was in ihnen vorgeht. Doch so eine Liebe würde ebenfalls das Tempo der Wettbewerbsgesellschaft verlangsamen, deshalb darf es so ein inniges Beisammensein nicht geben. Die Geschäfte rufen den König auf die Leistungs-Rennbahn, die manchmal auch zur Achterbahn wird, was entsprechende Schwindelgefühle und Angstzustände hervorruft, unter denen »Hochleistungssportler« des freien Wettbewerbs immer öfter leiden.

Das ist also die Ausgangsbasis des Märchens: eine einsame Königin, ein abwesender König. Es ist kalt, leer, farblos, einseitig, was nach dem Gesetz des Ausgleichs heißt, dass die Situation starr und dadurch zugleich instabil ist.

Doch Märchen sind wie alle literarischen Geschichten dazu da, etwas ins Bewusstsein zu schleusen, das dort fehlt, also auf einen Missstand aufmerksam zu machen, damit er behoben werden kann. Das Fehlende hier ist die Gemeinsamkeit von Königin und König, das blühende Leben, die Farbe. Die lebendige Beziehung zwischen dem Weiblichen und dem Männlichen scheint tot zu sein und so geht es in diesem Märchen immer wieder um Bedrohung und Vernichtung, um Leben und Tod. So als wollten die Erzählerinnen, die in früheren Zeiten Märchen als Bilder allgemein menschlicher Verhaltensweisen und seelischer Zustände von Generation zu Generation übermittelt haben, sehr eindringlich davor warnen, das auseinander zu reißen, was notwendigerweise zusammengehört.

An dieser Stelle nun wird es Zeit, das zu verdeutlichen, was wir unter dem Weiblichen verstehen, so wie wir es eingangs versprochen haben. Da Bilder mehr sagen als Worte, wollen wir es mit Hilfe einer Imagination beschreiben.

Das Weibliche und das Männliche

Stellen Sie sich vor, Sie sitzen wie die Königin an einem Fenster und schauen hinaus in die Weite. Es ist ein schöner, klarer Tag, der Himmel zeigt sich strahlend blau. Dieses Blau ist still und ohne Bewegung. Wir können sagen, es symbolisiert den Urgrund, das klare Licht des göttlichen Bewusstseins. Vollkommen still.

Jetzt sehen Sie, dass Wolken aufziehen. Dick und weich gleiten sie in langsamer, gleichmäßiger Bewegung unter der blauen Stille dahin. Sie sind das Bewegte unter dem Unbewegten und sie sind das Gebärende oder das Weibliche. Sie gebären aus sich heraus die Wolken, die sich noch schneller bewegen, wir können diese das Männliche nennen.

Das heißt, aus dem Bewegten unter dem Unbewegten entsteht das sich Bewegende. Aus dem Weiblichen unter der göttlichen Stille entsteht das Männliche. Und dies bedeutet, das Männliche gehört unweigerlich zum Weiblichen, es ist ein Teil des Weiblichen, von ihm lediglich durch stärkere Bewegtheit unterschieden. Von daher dürfte es sich nie zu weit vom Weiblichen entfernen, denn je weiter es von seinem Ursprung entfernt ist, desto verlorener wird es. Es gerät dadurch in Unruhe, Getriebenheit und Hektik und setzt sich der Gefahr einer schnellen Auflösung aus.

Wann immer nun diese natürliche Ordnung gestört wird, wie zum Beispiel bei einem Unwetter, wenn dunkle Wolkenfetzen losgelöst vom gesamten Wolkensystem in rasender Schnelle über das Land jagen, droht Unheil. Und so ist es auch bei den Menschen: Wenn das Männliche sich allzu weit vom Weiblichen trennt – das muss nicht unbedingt den äußeren Mann betreffen, das kann auch der männliche Anteil in der Frau sein –, ist die natürliche Harmonie gestört und Turbulenzen, die Zerstörung mit sich bringen können, treten auf.

Im alten chinesischen Buch vom Sinn und Leben, dem Tao Te King, das man dem Weisen Laotse zuschreibt, beginnt der 52. Vers, der sehr gut hierher passt, so:

> Der Anfang des Seins der Welt
> heißt die Mutter der Welt.
> Wer seine Mutter findet, um seine Kindschaft zu erkennen,
> Wer seine Kindschaft erkennt, um seine Mutter zu bewahren:
> Der kommt beim Aufhören des Ichs in keine Gefahr.[1]

Leider haben wir diese Weisheit längst vergessen, wir schätzen das Mütterliche und unsere Kindschaft gering und deshalb ist unsere Welt in Unordnung geraten. Märchen wie dieses und das von »Dornröschen«, das eine ähnliche Thematik behandelt, käme also eine wichtige Bewusstseins-Aufgabe zu. Stellen wir uns vor, die Schneeflocken, von denen das Märchen im ersten Satz erzählt, symbolisierten kleine Bewusstseinskristalle. Das Bewusstsein des einzelnen Menschen, wie auch das der Menschheit, das kollektive Bewusstsein, könnte verstanden werden als ein »Gewebe«, bestehend aus vielen Mikroteilchen, aus einzelnen Erfahrungen, die jede ein winzig kleiner Kristall wäre, den man nur unter einem Vergrößerungsglas sehen könnte. Aus diesen Erfahrungskristallen werden dann einzelne Flocken, zu denen wir auf der menschlichen Ebene »Erkenntnisse« sagen würden. Und viele dieser Erfahrungen und Erkenntnisse ergeben im Laufe eines Lebens einen Schatz, den man »Weisheit« nennt. Es ist also nicht so weit hergeholt, wenn wir in der verschneiten Landschaft, die das Märchen zu Beginn beschreibt, die kristalline weiße Weisheit betrachten. Und am Anfang einer Geschichte, in der Exposition, ist immer auch das gewünschte Ende verborgen. So gesehen, führt uns das Märchen zur Weisheit. Dass an diesem Weg viele Irrungen lauern und Wirrungen auftreten, ist wohl jedem Menschen aus seinem eigenen Leben bekannt.

Aus der kollektiven Sicht betrachtet, lautet das Motto, sowohl in diesem Märchen als auch in unserer Gesellschaft heute: »Wettbewerb« und »Rivalität«: »Wer ist die/der Beste, Schönste, Schnellste, Gerissenste?« Dieser/diesem wird Erfolg versprochen. Aber auch mörderischer Krieg: »Wer kann und hat und ist mehr als die anderen?« »Wer ist ganz oben?« »Wer hat das Sagen, wer hat die Macht?« »Spieglein, Spieglein an der Wand…?«

Doch so weit sind wir noch nicht in diesem Märchen. Noch geht es um die stille Betrachtung der weißen Landschaft, auf die weiche Schneeflocken wie Federn fallen. Ist es ein Bild der Ruhe und Zartheit oder der Kälte und Starre? Sagen wir doch: Beides ist in diesem Bild enthalten, denn eine Seite bedingt seine Gegenseite. Unsere Welt ist nun einmal dual aufgebaut. Was die Dualität, die Zweiheit jedoch lebendig und auch stabil macht, ist das Dritte. Deshalb erzählt das Märchen folgerichtig:

Und wie sie so nähte und nach dem Schnee aufblickte, stach sie sich mit der Nadel in den Finger, und es fielen drei Tropfen Blut in den Schnee. Und weil das Rote im weißen Schnee so schön aussah, dachte sie bei sich: »Hätt ich ein Kind so weiß wie Schnee, so rot wie Blut und so schwarz wie das Holz an dem Rahmen.«

Das, was gefehlt hat, ist also eingetreten und wir müssen uns jetzt notwendigerweise ein wenig mit der Zahl Drei und der Farbe Rot beschäftigen.

Zahlen stellen Zeichen der Ordnung dar. Mit ihrer Hilfe teilen wir die Welt ein und zählen die Dinge. Wir brauchen sie sowohl im ganz gewöhnlichen Alltag, wenn wir mit Geld umgehen, Haus-, Telefon-, Konto-, Geheimnummern und sonstige Zahlen zu allen möglichen Zwecken verwenden, wir benötigen sie aber auch in den abstrakten Wissenschaften wie der Mathematik und Physik, wenn wir die Welt als Ganzes und den Kosmos berechnen. Wir sprechen vom All-Einen und meinen den göttlichen Urgrund – der geschlechtslos ist! – und beschäftigen uns mit der Mutter-Kind-Symbiose, womit wir die innige Verbundenheit des Grund und Vertrauen legenden Erlebens eines jeden Menschen beschreiben. Die Zweiheit aber ist die Art und Weise, wie wir unsere Welt wahrnehmen, als Dualität, als oben und unten, rechts und links, hell und dunkel, schön und hässlich, usw. Auch unser Gehirn besteht aus zwei Hemisphären, die allerdings durch einen Mittelbalken miteinander verbunden sind und dieser ist sehr wichtig. Liegen doch in ihm Zentren, die Schmerz und Glücksgefühle erzeugen. Unser Gehirn scheint nach Meinung einiger Hirnforscher darauf aus zu sein, immer wieder solche Glücksgefühle hervorzurufen und deshalb trachtet es danach, die beiden Hälften miteinander zu verbinden, zu synchronisieren. Womit wir bei der Zahl Drei angelangt sind, die eine Mittelstelle einnimmt.

Wenn wir die Polarität, in der wir gewissermaßen »gefangen« sind, nicht als ein zwischen zwei Extremen Hin-und-her-gerissen-Werden, sondern als ausgeglichen erleben wollen, dann müssen wir uns auf den »goldenen Mittelweg« begeben. Für ihn steht die Zahl Drei. Aber sie bezeichnet auch den Höhepunkt unseres Lebens, nämlich die Zeit der Geschlechtsreife.

In der matrizentrischen Zeit der Menschheitsgeschichte, in der die Frau noch den ihr zustehenden Platz einnahm und den entsprechenden Wert besaß, wurde das Weibliche als

Dreifaltige Göttin verehrt. Sie war eng verbunden mit den drei Phasen des Mondes – dem zunehmenden, zu dem die Farbe Weiß als das Jungfräuliche gehörte, dem vollen Mond, der die geschlechtsreife Frau mit der Farbe Rot symbolisierte, und dem abnehmenden Mond, der assoziiert wurde mit der alten Frau und der Farbe Schwarz.

Später nannte sich der männliche Gott »dreieinig«, wohl um sich an die weibliche Fruchtbarkeit anzuhängen, aber die Farben verschwanden. Er stellte sich einfach nur als der Helle vor und verbannte die Farben Schwarz und Rot in die Hölle, wo sie von da an der Teufel trägt.

Wenn wir nun zur Ausgangssituation dieser Märchensequenz zurückgehen, dann heißt »Hätt' ich doch ein Kind so weiß wie Schnee, so rot wie Blut und so schwarz wie das Holz an dem Rahmen«: »Bekäme ich doch eine Tochter, damit das Weibliche sich weiter fortsetzen und Frucht tragen könnte.« Vielleicht hat die Königin gespürt, dass sie selbst nicht viel zur Befreiung des Weiblichen beitragen kann, dass sie zu schwach ist, gegen das vom abwesenden König beherrschte Regime aufzustehen und es zu verändern. Sie hofft auf eine Tochter, auf ein neues Weibliches, dass diese den Bann der sterilen Situation brechen möge und wieder lebendiges, blühendes Leben ins Land einziehen ließe.

Das ist aber gar nicht so einfach. Weder für das Schneewittchen, von dem dieses Märchen erzählt, noch für die Schneewittchens heute, für die Töchter, die den Glauben nicht aufgegeben haben, dass sie Gutes in ihrem Leben, Sinnvolles in der Welt bewirken können.

Da liegen sie, noch ganz klein in ihren hellen Taufkleidchen auf den Armen glücklicher Mütter, stehen später erwartungsvoll mit den weißen Röckchen und großen weißen, mit Rüschen verzierten Kommunionskerzen vor der Kirche – warum tragen die älteren Konfirmanden eigentlich das triste Schwarz? – und strahlen noch später als weiße, glückliche Bräute vor dem Altar – und alle scheinen die tiefe Absicht im Herzen zu tragen, ihren Anteil für eine bessere Welt beizusteuern. Immer und immer wieder, über viele Generationen das gleiche Bild: das Kind, die junge Frau voller Hoffnung auf Glück und Harmonie, zusammen mit dem Geliebten, dem Mann ihres Herzens, und den Kleinen, die sie dann eines Tages der Welt schenken. Sollen sie ihren Traum umsonst geträumt, ihre Unschuld dafür verloren haben, dass sie werden, wie das Männliche die Welt versteht und haben will?

Immer häufiger kommen in unsere psychotherapeutischen Praxen junge Frauen, die klagen: »Ich habe Angst, ich leide unter heftigen Panikattacken. Ich kann nicht mehr, ich möchte am liebsten davonlaufen, aber wohin denn? Überall verfolgt mich diese grässliche Angst. Am Besten ist es noch, wenn ich meine Wohnung nicht verlasse, aber auch da fühle ich mich zusehends unwohl, vor allem, wenn ich alleine da drinnen sein muss. Ich weiß nicht mehr, was ich machen soll.«

Jedes Schicksal dieser Frauen ist ein wenig anders, doch wenn wir die verschiedenen Lebenssituationen, in denen die Einzelnen stecken, genauer anschauen, stellen wir fest, dass allen gemeinsam ein recht eng geschnürtes gesellschaftliches Korsett ist, in dem sie kaum mehr richtig atmen können. Wir werden dieses Motiv später bei Schneewittchen wieder finden.

Aber nicht nur Frauen kommen mit Panikattacken zur Psychotherapie. Auch Männer werden von diesem Leiden ergriffen. Es sind die sensiblen, die sich schlecht wehren können, die sich den Anforderungen des Lebens, wie es sich heute da draußen abspielt, nicht gewachsen fühlen.

Denn was immer noch nicht erwünscht, obwohl es zunehmend propagiert wird, ist die individuelle Entwicklung, also das Einzigartigsein der/des jeweils Einzelnen. Zwar dürfen

Menschen scheinbar alle möglichen Arten von Kleidung tragen, doch gibt es nach wie vor geheime Zwänge, vor allem im Arbeitsbereich. Und nicht nur das äußere Styling, auch das, was jemand zu denken, welche Ansichten sie und er zu vertreten hat, werden von den entsprechenden Gruppen, Cliquen, der Szene, kollektiv vorgeben. Wer da herausfällt, ist »out«. Es sei denn, er/sie hat sein/ihr Outing, dann ist er/sie wieder »in«. So streng sind – immer noch – die gesellschaftlichen Spielregeln.

Doch schauen wir zunächst einmal, wie es weitergeht im Märchen.

Der Tod der Königin

Bald darauf bekam sie ein Töchterlein, das war so weiß wie Schnee, so rot wie Blut und so schwarzhaarig wie Ebenholz, und ward darum das Schneewittchen (Schneeweißchen) genannt. Und wie das Kind geboren war, starb die Königin.

Dass eine Frau im Märchen stirbt, nachdem sie ihr erstes Kind geboren hat – es muss nicht immer eine Königin sein –, ist nichts Ungewöhnliches, im Gegenteil, es ist ein sehr häufiges Motiv. Warum tritt es so oft auf?

König und Königin, heißt es in der psychologischen Märchendeutung, zumindest in der nach C. G. Jung, symbolisieren die gerade herrschende Dominante des kollektiven Bewusstseins. In unserer Gesellschaft, wie sie sich heute gestaltet, würden demnach König und Königin Leistung und Wohlstand, aber auch Aktion, Unterhaltung, Freude und Spaß symbolisieren. Da wir uns im dritten Jahrtausend mit diesem Märchen beschäftigen und nicht zu Zeiten der Gebrüder Grimm, die es aufgezeichnet haben, ist es wohl zweckmäßig, wenn wir uns mit dem, was heute die Königin darstellt, beschäftigen und nicht mit dem, was sie damals gewesen ist.

Für die jeweilige Bewusstseinsdominante steht das Herrscherpaar. Die Königin ist ein Teil davon, sie repräsentiert das Weibliche, wie es sich außen zeigt. Fragen wir also, welche im Außen wahrzunehmenden weiblichen Werte uns heute beherrschen. Welche Frauen beschäftigen uns, zu welchen schauen wir auf, welche gelten als Vorbild, wo sind die großen weiblichen Leitfiguren?

Wenn wir in Gruppen oder Seminaren nach solchen Leitfiguren fragen, dann werden von den Frauen erstaunlicherweise sehr häufig Mutter Teresa und Lady Diana, von den Männern Gandhi und Albert Schweitzer genannt, also Menschen mit einem großen Herzen, mit viel Gefühl für unsere Mitgeschöpfe. In Bezug auf dieses Märchen ist vor allem das Lebenswerk von Mutter Teresa interessant. Sie begann ihre große Mission ja damit, dass sie in der indischen Stadt Kalkutta die Ärmsten der Armen, die kein Dach über dem Kopf besaßen, aus dem Schmutz der Straßen aufgelesen hat, wo diese im Sterben lagen. Sie stattete Räume mit einfachen Liegen aus und bettete mit ihren Helferinnen die Sterbenden darauf. Sie und die Schwestern hielten oft die Menschen, die gerade die Schwelle des Todes überschritten, in ihren Armen und lächelten ihnen zu. Mutter Teresas Anliegen war, den Menschen wenigstens in der Todesstunde ihre Würde wiederzugeben. Sie lächelte dem Tod zu, weil er natürlicherweise zum Leben gehört. Dies ist die weibliche Haltung des Mitgefühls, der Hinwendung zum anderen, während die Mission der Männer lautet, den anderen den »richtigen Glauben« bringen zu müssen.

Wir gehen aus solchen »Miniumfragen« – sie können keineswegs repräsentativ sein, denn sie finden ausschließlich unter Menschen statt, die, oft aus eigenem Leiden heraus, Interesse und Offenheit für seelische Prozesse aufbringen – immer wieder mit viel Hoffnung für die zukünftige Welt heraus. Es gibt demnach noch das Mitgefühl für alle lebenden Wesen, es gibt die Absicht, sich zu engagieren für eine friedliche Welt, oder – in der Sprache dieses Märchens gesprochen – Schneewittchen lebt. Denn dieses Kind, das jetzt im Märchen geboren wurde, trägt den Namen der Reinheit, der Unschuld. Sogar verdoppelt, denn Schnee ist weiß und »wittchen« bedeutet ebenfalls weiß, »white« im Englischen. »So rot wie Blut« heißt: es lebt, weil Blut der Lebenssaft schlechthin ist.

Dieses Kind nun trägt die Farben der einstigen dreifaltigen Göttin: weiß wie Schnee bedeutet ihre Jungfräulichkeit, die auch im aufgehenden Mond gesehen wird – rot wie Blut heißt, sie wird zur geschlechtsreifen Frau heranwachsen und dann strahlen wie der volle leuchtende Mond am Himmel – schwarz wie Ebenholz meint, sie wird auch alt werden, dem abnehmenden Mond gleich, und dann womöglich als alte Weise ihren Dienst an ihren Nachfolgerinnen leisten.

Nachdem dieses »göttliche Mädchen« also geboren ist, stirbt die Mutter, die Königin, die sich so sehr genau dieses Kind gewünscht hat. Nicht nur im Märchen taucht das Motiv des Todes der Mutter auf, nachdem das Kind geboren ist, auch in vielen Mythen gibt es dieses Phänomen, vor allem bei den göttlichen Kindern. So stirbt sowohl die Mutter Buddhas nach dessen Geburt als auch die von Gott Krishna. Sehr häufig werden gerade die göttlichen Kinder von Ziehmüttern oder Zieheltern aufgezogen, weil sie manchmal auch ausgesetzt werden, wie z. B. im Fall von Mose und Ödipus.

Was mag dieses Motiv bedeuten, dass es so oft auftaucht? Kann die leibliche Mutter denn nicht am Besten für ihr Kind sorgen, vor allem, wenn es ein besonderes Kind ist? Aus welchen Gründen werden so reine Mädchen wie Schneewittchen, Aschenputtel und (die spätere) Goldmarie im Märchen von Frau Holle den Schikanen einer bösen Stiefmutter ausgesetzt? (Die männlichen göttlichen Kinder Buddha, Krishna, Mose und Ödipus hatten das Glück, bei liebevollen Müttern aufzuwachsen.)

Außer der Tatsache, dass früher viele Frauen im Wochenbett starben, könnte sich der Gedanke aufdrängen, dass alle die Mütter, die besondere oder gar göttliche Kinder geboren haben, ihre ganze Energie diesem Kind gaben und somit nicht mehr genug Kraft für sich selbst besaßen. Das Sterben der Mutter eines besonderen Kindes könnte also als totale Hingabe, nicht nur an das Leben überhaupt, sondern an das Leben, das eine wichtige Aufgabe für die Gesellschaft zu erfüllen hat, verstanden werden. Vielleicht ist mit diesem Bild auch ausgesagt, dass ein göttliches Kind nicht mit den natürlichen, egoistischen Bedürfnissen seiner Mutter belastet werden soll. Denn eine Mutter bringt es nicht so gut fertig, ihr leibliches Kind völlig loszulassen, mit ihm ganz bestimmte Vorstellungen und Wünsche zu verbinden. Sich einem Wesen, das große Aufgaben in dieser Welt vollbringen soll, lediglich als Gebärerin zur Verfügung zu stellen, bedarf auch stark ausgeprägter Demut und großen Gehorsams einer höheren Macht gegenüber.

Diese innere Haltung finden wir beschrieben an der Stelle im Neuen Testament, an der es heißt, dass der Jungfrau Maria ein Engel erschienen sei, der ihr sagte, sie würde den Gottessohn gebären. Möglicherweise ist in diesem Bild auch die Frage an Maria versteckt, ob sie bereit sei, persönlich auf dieses Kind zu verzichten. Der Sohn Gottes könne nicht irgendein Kind sein, das sich den Vorstellungen seiner Mutter entsprechend entwickelt – wie der Verlauf vom Leben Jesu auch gezeigt hat. Wäre Maria nicht zum Verzicht auf eine normale Mutterschaft bereit gewesen, hätte sie ihren Sohn möglicherweise so zu beeinflussen versucht, dass es nicht zu dem gekommen wäre, wofür er ausersehen war. Dann wäre sie aber nicht die geeignete Frau gewesen, dieses Kind zu tragen und zu gebären.

Der Tod der Königin in diesem Märchen könnte somit ebenso ein Opfertod zu Gunsten einer großen Aufgabe, einer besseren, helleren Welt sein.

Und ein anderer Gedanke mag hier noch eine Rolle spielen: der Tod der Königin erinnert an die matrizentrische Zeit, in der die Große Göttin sowohl als Lebensspenderin als auch als Todesbringerin gesehen wurde. Im weiblichen Erleben gehören Leben und Tod zusammen, sie bilden eine untrennbare Einheit, so dass Geborenwerden und Sterben zur gleichen Zeit als nichts Besonderes, sondern als etwas ganz Natürliches erlebt werden. So galt die Farbe Weiß sowohl für das junge Mädchen als auch für die Göttin in ihrem Todesaspekt. In der weiblichen Welt sind wir der Natur sehr nahe und wenn das Märchen mitten im Winter beginnt, dann liegen in diesem Bild der Tod und das Leben beieinander, so wie sich unter der schneebedeckten Erde die Knospen schon für den kommenden Frühling regen.

Die neue Gemahlin

Über ein Jahr nahm sich der König eine andere Gemahlin. Es war eine schöne Frau, aber sie war stolz und übermütig und konnte nicht leiden, dass sie an Schönheit von jemand sollte übertroffen werden. Sie hatte einen wunderbaren Spiegel, wenn sie vor den trat und sich darin beschaute, sprach sie:

»Spieglein, Spieglein an der Wand,
wer ist die Schönste im ganzen Land?«
so antwortete der Spiegel:
»Frau Königin, Ihr seid die Schönste im Land.«

Da war sie zufrieden, denn sie wusste, dass der Spiegel die Wahrheit sagte.

Schneewittchen aber wuchs heran und wurde immer schöner, und als es sieben Jahr alt war, war es so schön wie der klare Tag und schöner als die Königin selbst. Als diese einmal ihren Spiegel fragte:

»Spieglein, Spieglein an der Wand,
wer ist die Schönste im ganzen Land?«
so antwortete er:
»Frau Königin, Ihr seid die Schönste hier,
aber Schneewittchen ist tausendmal schöner als Ihr.«

Da erschrak die Königin und ward gelb und grün vor Neid. Von Stund an, wenn sie Schneewittchen erblickte, kehrte sich ihr Herz im Leibe herum, so hasste sie das Mädchen. Und der Neid und Hochmut wuchsen wie ein Unkraut in ihrem Herzen immer höher, dass sie Tag und Nacht keine Ruhe mehr hatte.

Hier ist natürlich erst einmal etwas zur »Stiefmutter« zu sagen – auch sie gehört ja zu vielen Märchen, in denen sie in der Regel als böse und missgünstig beschrieben wird. Woher hat sie diesen schlechten Ruf? Denn im wirklichen Leben ist sie keineswegs immer schlecht zu den Kindern, deren Mutter sie vertreten muss und oft auch gerne will. Leider haben die Märchen über die bösen Stiefmütter sehr viel Leid in von diesem Los betroffene Familien gebracht, nicht nur bei den Kindern, die schon mit entsprechenden Märchen-bedingten Vorurteilen an die neue Frau des Vaters herangehen, sondern auch bei den neuen Müttern. Sie haben es meistens schwer, das Vertrauen der Kinder zu gewinnen, denn diese hängen verständlicherweise noch an der leiblichen Mutter und begegnen auch ohne Vorbelastung durch stiefmütterliche Geschichten der neuen Frau des Vaters mit Vorsicht und/oder Misstrauen. Nur in seltenen Fällen erzielen Kinder und Stiefmütter gleich eine herzliche Einigkeit. Kommt diese eines Tages doch zustande, dann liegt dahinter sehr viel Gefühlsarbeit, meistens sind bis dahin aber auch viele Tränen geflossen, auf allen Seiten.

Woher also kommt der schlechte Ruf der Stiefmütter? (Von Stiefvätern ist in den Märchen übrigens sehr viel seltener die Rede, diese haben es aber in der Realität meistens genauso schwer wie ihr weibliches Gegenstück, und von Stiefvätern, die Kinder misshandeln, hört und liest man eher als von Stiefmüttern, die den Kindern etwas antun.) Hierbei ist einfach daran zu denken, dass unsere Märchen ebenso wie unsere Gesellschaft »patriarchalisiert« worden sind.

Um die rational nicht immer zu erklärenden Schwierigkeiten, die eine Stiefmutter – oder ein Stiefvater – in einer Familie erlebt, psychologisch zu verstehen, müssen wir uns ein wenig mit den seelischen Vorgängen der Betroffenen befassen. Wir verwenden hierzu das von C.G. Jung ausgearbeitete

Konzept von »Anima« und »Animus«, bzw. wir beschränken uns auf dieses Märchen und betrachten auf der psychodynamischen Ebene einmal die Beziehung zwischen Vater und Tochter. Zwar gibt es über diesen König im Märchen nur den einzigen Satz: »Über ein Jahr nahm sich der König eine andere Gemahlin«, doch müssen wir ihn in das weitere Geschehen mit einbeziehen, denn schließlich ist er – Gegenteiliges wird im Märchen nicht behauptet – der Vater des Schneewittchens. Nun ist die Vater-Tochter-Beziehung auf der psychischen Ebene dadurch gekennzeichnet, dass die verborgene weibliche Seite des Vaters in der Tochter sichtbar wird, das heißt in der Sprache der Analytischen Psychologie: die Tochter ist die Trägerin von Vaters Anima. Es wird eine zarte, helle Seite an ihm spürbar, ein junges, weiches Gefühl, vielleicht wirkt er mitunter ein wenig verträumt, wenn ihn jemand genau beobachten würde. Doch er wird dies wohl niemals zugeben, weder sich selbst noch anderen. Sonst hätte er bei seiner ersten Frau einmal still versunken am Fenster gesessen. Doch sie muss da sein, diese Seite, auch wenn er sie erfolgreich verdrängt. Hätte er sonst eine Frau wie die erste Königin geheiratet, hätte er sonst eine Tochter von der Sanftheit und leuchtenden Schönheit, wie sie Schneewittchen verkörpert?

Denn der Mann sucht sich unbewusst Frauen, mit denen er erotisch-sexuell zusammen ist – ob er sie nun heiratet oder nicht –, immer nur von der Art aus, die seiner inneren weiblichen Seite entsprechen. Wenn man also einen Mann mit einer ihm sehr nahe stehenden Frau, einer intimen Partnerin sieht, kann man sich schon ein recht bestimmtes Bild vom Innenleben dieses Mannes machen.

Es ist oft spannend, neue Leute kennen zu lernen und von diesen erst einmal nur einen der beiden Partner zu sehen. Man versucht sich dann vorzustellen, wie wohl die jeweils andere Hälfte aussehen mag – und ist oft ziemlich überrascht, dass man danebengetippt hat, wenn man diese dann sieht. Doch nach einer Weile, wenn man die beiden genauer und auch mit dem Wissen um Anima und Animus betrachtet, stellt man fest, dass sie sich doch gut ergänzen. Und noch etwas kann man entdecken: Männer finden immer wieder ähnliche Frauen, und umgekehrt: Frauen landen stets bei sich ähnelnden Männern. Denn das, was alle Menschen unentwegt suchen, sind im Grunde sie selbst bzw. die noch unentwickelten Teile der eigenen Persönlichkeit.

Die neue Gemahlin des Königs wird demnach der verstorbenen Gemahlin recht ähnlich sein, jedoch mit einer etwas anderen Nuancierung, denn inzwischen hat sich der König, so wie jeder andere Mensch, irgendwie weiterentwickelt. Die Tochter aber verkörpert eher die gesamte weibliche Seite des Vaters und nicht eine bestimmte Facette, die der König in der neuen Frau sucht. Nun könnte man annehmen, die Stiefmutter müsste Schneewittchen besonders gerne haben, wenn sie ihren Mann liebt, denn dieses Mädchen ist doch ein Teil des geliebten Mannes. Aber erstens braucht es nicht so zu sein, dass sie den König besonders liebt – vielleicht hat sie ihn nur geheiratet, um selber Königin zu werden –, und zweitens sucht sie in ihm ja nicht seine verborgene Weiblichkeit, sondern ihre eigene unbewusste Männlichkeit. Von daher ist die Rivalität zwischen Stiefmutter und Stieftochter plausibel: Die neue Frau sucht ihren eigenen inneren König, das herrschende Männliche, das sie so bisher noch nicht richtig ausleben konnte. Sie kann von daher gesehen kein Verständnis für das zarte, weiche Weibliche, das helle junge Mädchen aufbringen, das in seiner jugendlichen, aufblühenden Schönheit erstrahlt. Im Zuge ihrer vermeintlichen Selbstverwirklichung sagt sie also der jungen Königstochter den Kampf an. Dies mag auch eine Erklärung für die Mutter-Tochter-Konflikte sein, wie sie in vielen ganz normalen Familien auftreten. Wenn vor allem die Mutter einer Tochter selbst noch jung und – psychisch gesehen – relativ unentwickelt ist, mag es zu einer stärkeren Verständnislosigkeit der Mutter ihrer Tochter gegenüber kommen, die nicht auftritt, wenn die Mutter schon eher ihre Ganzheit erreicht hat. Es ist halt so, dass die Entwicklung zur eigenen Vollständigkeit über die Projektion geht. Wir brauchen die anderen, um an ihnen die Ahnung unserer Vorstellung von uns selbst in der zur Entfaltung strebenden Ganzheit zu erkennen und herauszubilden. Insofern dient uns das jeweilige Gegenüber gewissermaßen als Spiegel zur Selbstfindung. Gerade in diesem Märchen wird das sehr deutlich dargestellt.

Das Bedürfnis zu herrschen, die Beste, Schönste, Mächtigste zu sein, als Alleinherrscherin die Schönheit zu kontrollieren, also wohl um ihre eigene Ganzheit zu entwickeln, veranlasst die Königin im Märchen, die junge Frau zu vernichten. Dies ist *ein* Aspekt des Märchens. Wir werden jedoch später noch einen anderen, tiefgründigeren kennen lernen.

Die böse Frau

Wenn man Kindern dieses Märchen vorliest, dann finden sie die eben geschilderte Szene zwar spannend, aber sie zeigen sich in der Regel nicht besonders beeindruckt von der Bosheit der Königin. Warum nicht? »Die Bösen gehören halt dazu, sonst ist es kein richtiges Märchen«, sagte ein kleines Mädchen. Die Bösen gehören halt dazu. Genau das ist es. Das Böse gehört auch zum Leben, sonst ist es kein richtiges Leben. Vielleicht musste deshalb die erste Königin so früh sterben, weil sie nicht böse sein konnte oder wollte.

Jedes geschlossene System strebt nach Ausgleich, sonst könnte es nicht bestehen, sondern würde »kippen«. So ist es auch im menschlichen Leben. Wenn ich mich in eine Einseitigkeit hineinmanövriert habe, dann geht es mir schlecht und ich muss schauen, dass ich die entsprechend andere Seite zu Hilfe hole.

Eine Frau, die vor kurzem in eine psychotherapeutische Behandlung kam, weil sie – wir haben es oben schon erwähnt – unter massiven Angstzuständen litt, beschrieb sich als einen Menschen, der versucht, es den anderen stets recht zu machen. Für alle und für alles ist sie immer da, bereit zu helfen, wo sie kann, bereit zuzuhören, wenn andere über ihre Sorgen klagen, bereit zu verstehen, wenn der Ehemann einmal wieder erst sehr spät am Abend nach Hause kommt, bereit ihre Freizeit zu opfern, wenn er zu einer ihm wichtigen Sportveranstaltung gehen will, bereit, bereit, bereit... Bis sie eines Tages nicht mehr kann, ihr die Panik den Hals hoch steigt, ihr Herz bis zum Zerbersten klopft, der Schweiß aus allen Poren bricht, ihre Hände zu zittern beginnen, so dass sie sich nicht mehr traut, ein Glas anzufassen.

Die hinuntergeschluckten Frustrationen, die Enttäuschung, der Ärger, die Wut drücken ihr fast die Luft ab und sie ist nur noch ein schlotterndes Bündel Angst. Sie sitzt in der Falle der Gutmütigkeit, die sie bereits als kleines Mädchen betreten hat, weil sie es dem geliebten Papa immer recht machen wollte. Jetzt schnappt die Falle »ein-gutes-Mädchen-sein-zu-wollen« zu. Die eigentliche Angst, die diese junge Frau beherrscht, ist die Angst vor ihrer Wut, vor dem »Neinsagen«, das ihr böse erscheint. »Ich bin böse, wenn ich nicht immer ganz lieb bin und alles für die anderen tue«, hat sich das kleine Mädchen damals eingeredet. Und natürlich wollte sie ein gutes Mädchen sein und kein böses.

Eine andere Frau, die zur Psychotherapie kommt, wollte ebenfalls nur Gutes tun, hat sich in einen geschiedenen Mann mit drei Kindern verliebt, ihn geheiratet und sich zur Aufgabe gemacht, diesen »armen, von ihrer Mutter verlassenen Kindern eine gute Mutter zu sein, ihnen wieder ein richtig schönes Heim zu bieten«. Inzwischen ist diese Frau durch »die Hölle« gegangen, sie ist nach zehn Jahren noch immer darin, weil diese drei Kinder, vor allem das Mädchen, sie mit Bosheit aufs Äußerste traktierten und der Ehemann entweder zu dem Horror, den die Kinder veranstaltet haben, schwieg oder sogar ihr noch die Schuld dafür gab.

Beide, die junge Frau mit den Panikattacken und die etwas ältere Frau mit den inzwischen schweren Depressionen, die sich auch in körperlichen Symptomen äußern, haben ihre eigene böse Seite ausgespart, unterdrückt, aus Angst, die Liebe ihres Mannes zu verlieren und verlassen zu werden. Dies ist ein sehr häufiges Motiv, das Frauen veranlasst, einen gesunden aggressiven Teil ihrer Persönlichkeit nicht zuzulassen. Der zentrale Satz in ihrem Kopf lautet: »Ich werde nur geliebt, wenn ich so bin, wie der Mann (Vater) mich haben will.« Das heißt, für die Liebe eines Mannes opfern Frauen oft nicht nur ihre gesunde Selbstentwicklung, sondern auch ihre Gesundheit.

Wenn wir allerdings hier in Betracht ziehen, dass die seelische Entwicklung eines Menschen zur Ganzheit strebt, wie wir es oben am Beispiel der Königin ausgeführt haben, die an der Seite des Königs ihre eigene männliche Seite zur Entfaltung bringen wollte, kann es den Frauen, die einen wesentlichen Aspekt ihres Selbst opfern, nicht gut gehen. Denn da gerät die natürliche Entwicklung ins Stocken, die Libido, die psychische Energie kann nicht mehr in die Richtung fließen, in die sie eigentlich laufen will und muss. Es entsteht eine Blockade, sozusagen ein Knockout, das psychische System bricht zusammen, was sich in entsprechenden Symptomen äußert.

Ein wichtiger Aspekt in diesem Märchen lautet also: Alles Ausgeschlossene wird böse oder kann zumindest böse werden bzw. als böse erscheinen. Das Ausgeschlossene haben wir nicht mehr unter Kontrolle, mit dem können wir nicht bewusst umgehen und deshalb überrascht es uns meist auf unerwartete Weise, schleicht sich sozusagen von hinten an und überfällt uns mit heftigen Affekten, oft auch noch in dazu völlig unangebrachten Situationen. Viele Menschen – es sind nicht nur Frauen! –, die sich in einer solchen seelischen Lage befinden, ahnen die Gefahr eines Affektausbruchs zu einer Zeit oder an einem Ort, die ganz und gar nicht geeignet dafür sind, und vermeiden deshalb, ihre Wohnung überhaupt zu verlassen.

Das Motiv des Ausgeschlossenseins finden wir auch im Märchen »Dornröschen«: da rächt sich die dreizehnte Fee, die nicht zum Fest des Königs, der die Geburt seiner lang ersehnten Tochter feiert, geladen wurde, weil der König nur über zwöf goldene Teller verfügte. Diese Fee reagierte böse auf die Missachtung ihrer Person und sprach einen Fluch über das neugeborene Kind aus: es sollte an seinem 14. Geburtstag sterben. Dass es sich hierbei jedoch um ein schicksalhaftes Geschehen handelt, das zur Frauwerdung des Dornröschens gehört, wird im weiteren Verlauf des Märchens deutlich. Bei Schneewittchen geht es wohl letztlich ebenfalls um die geheimnisvolle Einweihung zur geschlechtsreifen Frau, was hier allerdings nicht so einfach zu erkennen ist. Wir werden es aber später noch ausführen.

Doch zunächst sei noch ein weiterer Aspekt zur Bosheit der Königin angesprochen. Heute sind wir so weit zu erkennen, dass wir das Verhalten eines einzelnen Menschen nicht wirklich beurteilen können, wenn wir dazu nicht das Ganze betrachten bzw. wenn wir dieses Verhalten nicht im Zusammenhang mit den Vorgängen des Systems sehen, in das dieser Mensch eingebunden ist. Daraus hat sich das systemische Denken entwickelt, und es wird auch in der Psychotherapie immer mehr mit dem Paar und der ganzen Familie gearbeitet, auch wenn scheinbar nur einer aus der Familie Schwierigkeiten hat.

Zwar werden in diesem Märchen nur die Gefühle, Gedanken und das Handeln der neuen Königin geschildert, doch wollen wir diese richtig verstehen, müssen wir fragen, was mit dem König ist und wie sich wohl das heranwachsende Kind gezeigt haben mag.

Die Märchenerzählerinnen vergangener Zeiten – heute werden auch Märchen erzählt, aber mehr in Form von Filmdrehbüchern – haben viele der Botschaften, die sie an die Nachkommen weitergeben wollten, verschlüsselt, um sie vor eventuellen Zensierungen zu schützen. Die Macht des kollektiven Bewusstseins, das von den jeweils Herrschenden vertreten wird, will bestimmte neue Inhalte des noch Unbewussten nicht ins helle Tageslicht aufsteigen lassen und würde sie eliminieren, wenn es ihrer ansichtig würde. In Ländern, in denen auch heute noch ein totalitäres Regime herrscht, werden die entsprechenden Medien zensiert und den Menschen wird nur das erzählt, was sie nach Ansicht der Mächtigen wissen dürfen und sollen. Doch irgendwie will sich ja auch das Neue, Kommende ankündigen, möchte auf sich aufmerksam machen und sucht deshalb Wege, sich zunächst unerkannt ins Bewusstsein der Menschen zu schleichen, die für das Zukünftige offen sind, die sich innerlich auch dazu bereit erklären, das noch nicht Sichtbare so nach und nach in die Öffentlichkeit zu tragen. Die biblischen Propheten hatten beispielsweise diesen Auftrag. Aber nicht nur sie. Es gab und gibt immer wieder Menschen, die sich für eine solche Aufgabe zur Verfügung stellen. Wie zum Beispiel Märchenerzählerinnen. Es handelt sich bei ihnen um Menschen, die erkennen, dass Märchen, ähnlich wie Mythen und andere große Erzählungen und Geschichten auf archetypischen, d. h. grundlegend menschlichen Merkmalen aufgebaut sind, die allgemein menschliches Geschehen beschreiben, welches zeitunabhängig und oft auch kulturübergreifend ist. Von daher ist es nicht nur erlaubt, sondern sogar erwünscht, wenn wir bei den Märchen auch zwischen den Zeilen lesen und das ergänzen, was – wohl absichtlich, um es hervorzuheben – ausgelassen wurde.

Das hier nicht Erwähnte ist der König. Er befand sich weder an der Seite seiner ersten Frau, noch befindet er sich neben seiner Gemahlin. Und er scheint auch nicht auf seine kleine Tochter zu achten. Es mutet so an, als seien alle drei – die neue Königin, Schneewittchen und der König – einsame, nur mit sich selbst beschäftigte Menschen. Es ist nicht von irgendwelchen Gemeinsamkeiten die Rede. Fast ist hier eine moderne Kleinfamilie geschildert: der Mann irgendwo außer Haus, die Frau mit ihrer Wohnung, vielleicht mit ihren Freundinnen oder Tennisdamen beschäftigt, oder wenn es viel ist, in irgendeinem Wohltätigkeitsverein engagiert, wie wir es gerade von der Politikerfrau Hannelore Kohl gelesen haben, die völlig vereinsamt in ihrem abgedunkelten Haus ihrem Leben selbst ein Ende gesetzt hat. Oder wie die verstorbene Lady Di, welche wohl ziemlich einsam durch die Welt reiste – auch wenn viele Berater und Bedienstete um sie herum gewesen sind – und versucht hat, Gutes zu tun. Oder wie viele junge Mädchen, die aus ihrer Einsamkeit heraus die Nahrung verweigern, zum unschönen Skelett abmagern, obwohl sie doch eigentlich einem vermeintlichen Schönheitsideal der superschlanken Linie nachkommen wollen. Sie alle mögen sich im Spiegel betrachtet haben, noch betrachten und feststellen, dass sie nicht so sind, dass es nicht das ist, wie und was sie wollen.

Einsamkeit kann sowohl depressiv als auch böse machen. In einsamen Menschen finden wir auch immer verletzte Gefühle. Wenn der Mann sich allzu weit, allzu oft von seiner Frau und damit auch von seiner eigenen weiblichen Seite entfernt, wie die schnell unter den Wolkenbergen dahineilenden Wolkenfetzen, dann verlieren beide, das Weibliche und das Männliche den Bezug zueinander und können sich nicht mehr verständigen, geschweige denn verstehen. Denn sie können einander nicht mehr fühlen, ja, sie fühlen sich selbst auch nicht mehr. Dies ist die Klage von vielen Ehefrauen, deren Männer vollkommen im Beruf aufgehen und, kaum sind sie zu Hause, ebenso vollkommen verstummen.

»Mittlerweile«, sagte neulich eine Klientin, »kenne ich meinen Mann nicht mehr, ich weiß gar nicht, wer er jetzt ist, denn er spricht nie über sich selbst.« Manchmal nimmt sie dies, inzwischen resigniert, ebenso sprachlos hin, manchmal »kann ich einfach nicht mehr anders, flippe regelrecht aus und beschimpfe ihn. Dann bin ich wie eine Furie. Obwohl ich das eigentlich nicht will«, sagt diese Frau. In ihr einst schönes Gesicht haben sich tiefe Falten um den Mund gegraben und die Mundwinkel sind traurig und verbittert nach unten gezogen.

Und wie geht es dem abwesenden Mann? Er ist auch nicht glücklich. »Die Arbeit frisst mich auf. Ich fühle mich total erschöpft. Da hätte ich gerne wenigstens zu Hause meine Ruhe.« Weniger arbeiten? »Geht nicht in meinem Job. Da müsste ich dann ganz aufhören und das können wir uns nicht leisten.«

Die Lösung? Beide zucken mit den Schultern. Sie sind Gefangene in einem System, das dazu angetan ist, Menschen krank zu machen. Und dennoch muss es eine Lösung – für sie und viele andere – geben. Vielleicht verrät das Märchen sie uns noch.

Das Opfer

Da rief sie einen Jäger und sprach: »Bring das Kind hinaus in den Wald, ich will's nicht mehr vor meinen Augen sehen. Du sollst es töten und mir Lunge und Leber zum Wahrzeichen mitbringen.« Der Jäger gehorchte und führte es hinaus, und als er den Hirschfänger gezogen hatte und Schneewittchens unschuldiges Herz durchbohren wollte, fing es an zu weinen und sprach: »Ach, lieber Jäger, lass mir mein Leben; ich will in den wilden Wald laufen und nimmermehr wieder heimkommen.« Und weil es so schön war, hatte der Jäger Mitleiden und sprach: »So lauf hin, du armes Kind.« – »Die wilden Tiere werden dich bald gefressen haben«, dachte er, und doch war's ihm, als wär ein Stein von seinem Herzen gewälzt, weil er es nicht zu töten brauchte. Und als gerade ein junger Frischling dahergesprungen kam, stach er ihn ab, nahm Lunge und Leber heraus und brachte sie als Wahrzeichen der Königin mit. Der Koch musste sie in Salz kochen, und das boshafte Weib aß sie auf und meinte, sie hätte Schneewittchens Lunge und Leber gegessen.

Nun beschäftigen wir uns noch mit einem ganz anderen Aspekt der »bösen Frau«. Doch dazu müssen wir ein wenig hinuntergehen, eine Stufe tiefer steigen, in einen für die meisten modernen Menschen unbekannten, geheimnisvollen Bereich hinein. Es ist die Welt des archaischen Denkens, das bei den Schamanen verschiedener Völker auch heute noch gepflegt wird.

Auf den ersten Blick scheint das Tun der Königin hier abgrundtief böse und grausam zu sein. Doch aus dem weiteren Verlauf des Märchens können wir schließen – so wir über entsprechende Symbolkenntnisse verfügen –, dass ihr Handeln einen rituellen Zweck erfüllt. Wenn sie nämlich Schneewittchen wirklich töten wollte, hätte sie dies anders angestellt. Sie war ja nicht dumm und konnte wissen, dass ein Mädchen durch festes Schnüren des Mieders, durch einen zwar vergifteten, doch nur ins Haar gesteckten Kamm nicht stirbt. Sowohl zur damaligen Zeit als auch heute war und ist es durchaus üblich, dass man jemanden mit einem schnell wirkenden Gift in Speise oder Trank sicher töten kann. Sie aber geht das Risiko ein, dass der Jäger seinen Auftrag nicht erfüllt. Was ist die wahre Absicht, die sie hegte?

Es wird sich wohl um eine Initiation, eine Einführung in weibliches Wissen und damit um Lebensweisheit gehandelt haben, das vor allem in den matrizentrischen Kulturen angewendet wurde, in denen das Weibliche, die Mütter und die dreifaltige Göttin im Mittelpunkt des Verehrungswürdigen standen, um ein junges Mädchen in die Geheimnisse der geschlechtsreifen Frau einzuweihen. Bei der Königin, die hier die »böse Frau« spielt, handelt es sich, ähnlich wie bei der 13. Fee im schon erwähnten Märchen von Dornröschen, um einen Aspekt des machtvollen Schicksals. In fast allen Mythologien wird das Schicksal weiblich dargestellt, denn letztendlich ist die Mutter Schicksal. Vieles im persönlichen Leben kann der einzelne Mensch selbst bestimmen, doch welche Mutter ihn/sie geboren hat, entzieht sich seines/ihres Einflusses, das ist Schicksal.

Meistens sind es drei Frauen, die das Schicksal eines Menschen bestimmen. Wie die drei Phasen des sichtbaren Mondes verkörpern sie Vergangenheit, Gegenwart, Zukunft. Es heißt: die erste webt den Schicksalsfaden eines Menschen, die zweite misst ihn zu, die dritte schneidet ihn ab. Diese Schicksals-Dreiheit ist in den meisten Mythologien älter als die jeweiligen Götter, was bedeutet, dass selbst die Götter dem Schicksal unterworfen sind. Da es sich bei den Schicksalsfrauen nicht unbedingt um Göttinnen handelt, kann man auch nicht zu ihnen beten, sie nicht für sich gewogen machen.

Nicht nur in den Märchen Schneewittchen und Dornröschen finden wir das Motiv der Schicksalsfrau, auch Frau Holle verkörpert sie und dort finden wir auch den Apfelbaum als Symbol für die zu erlangende Erkenntnis. Der Apfel spielt ja auch bei Schneewittchen eine große Rolle. Der Name Holle leitet sich von Hel ab, der nordischen Frau der Unterwelt, und nach ihr nennen wir noch heute den Unterweltsbereich »Hölle«, allerdings missdeutet als Ort des Schreckens, obwohl mit Hel oder Holle, ebenso wie mit dem Backofen im Reich der Frau Holle, ursprünglich der mütterliche Uterus gemeint war.

Viele der Namen und Bedeutungen aus der matrizentrischen Zeit wurden unter patriarchaler Herrschaft umgedeutet, also ihrer eigentlichen, natürlichen Bestimmung entfremdet. Deshalb muss man schon ein wenig tiefer graben, um die Wahrheit zu finden.

Eine Gestalt, die auch von den antiken Dichtern Euripides und Seneca missinterpretiert und als schreckliche Frau dargestellt wurde, war Medea. Wir werden uns ihr in einem späteren Kapitel noch einmal eingehender zuwenden. Sie war die »weise Frau«, deren Name der heiligen Sprache des alten Indien, dem Sanskrit, entnommen wurde. Da heißt »medha« »weibliche Weisheit«. Sie war die Begründerin der Heilkunst, und wir nennen ihren Namen, wenn wir von »Medizin« sprechen. Ihr Attribut war der »magische Kessel«, in welchem sie Tote zum Leben erwecken konnte. Das heißt in unserem heutigen Verständnis: der Kessel symbolisiert wie der Backofen bei Frau Holle den Uterus, in dem immer wieder neues Leben heranwächst. Er stellt aber auch ein Bild für den Sarg dar, in dem Tote zu Grabe getragen werden. Am Ende dieses Märchens finden wir ihn aus Glas mit dem schönen Schneewittchen darin. Somit verkörpert sowohl das Mütterliche als auch die Heilerin das Leben spendende und das Leben sich wieder einverleibende Weibliche, in vielen alten Kulturen auch gleichzeitig als das Leben und als der Tod auftretend.

Hier schließt sich zunächst einmal der Kreis zum Anfang des Märchens: Es beginnt mit einer erstarrten, weißen Winterlandschaft, die den Tod symbolisiert – die erste Königin stirbt –, die jedoch keimhaft das neue Leben in sich trägt – Schneewittchen wird geboren. Auch im Namen Schneewittchen finden wir sowohl das jungfräuliche Weiß als auch das Weiß, das in matrizentrischer Zeit die Göttin in ihrem Todesaspekt bekleidet hat.

Wir können jetzt also sehen: dieses Märchen handelt im weitesten Sinne von Leben und Tod. Beide gehören zum Weiblichen, zur großen Mutter, zur großen Göttin, zum Schicksal – es ist also gewissermaßen ein Schicksalsmärchen – wie Dornröschen und Frau Holle.

Und nun verstehen wir auch, warum Schneewittchen sterben soll: Um zur wissenden Frau heranzureifen, muss es mit allen Aspekten des Lebens, also auch mit dem Tod, der unweigerlich zum Leben gehört, konfrontiert werden. Ähnliches geschieht bei der Einweihung eines Schamanen – der oder die immer Heiler/in und Priester/in zugleich ist. Er/sie muss die Leiden des Zerstückeltwerdens ertragen, muss also zuerst sterben – wenn auch in symbolischer Form, trotzdem mit den dazu gehörenden Leiden, Ängsten und anderen Gefühlen wie Verzweiflung und vor allem auch Einsamkeit, bevor er/sie heilen kann. Denn wer all dies nicht am eigenen Leibe erlebt hat, kann weder als Priesterin und Priester die göttliche Allwissenheit vermitteln noch als Heilerin und Heiler die Qualen der Patienten verstehen.

Der Mensch, der zum Heiler und Priester, zur Heilerin und Priesterin berufen wird, muss also, um diese Aufgabe wirklich erfüllen zu können, zuerst sich selbst aufgeben, sich selbst opfern, einen Tod sterben, der die eigene Persönlichkeit aufhebt. Nur ein Mensch, der diesen Persönlichkeitsverlust erlitten hat und nicht unter den damit verbundenen Ängsten »zusammenbricht«, das heißt an schweren seelischen Symptomen erkrankt, ist in der Lage, die Zeichen einer Krankheit bei anderen Menschen zu erkennen und die entsprechende Heilungen einzuleiten. Ebenso heißt es in den Lehren des Buddha, dass jemand nur dann die Erleuchtung erlangt, wenn er sein Ich, sein Ego aufgegeben hat, wenn er/sie also gewissermaßen ein Niemand geworden, man kann auch sagen, gestorben ist. Aus unserer Kultur kennen wir den Opfertod Jesu – auch er war Heiler und Priester zugleich. Unter patriarchaler Herrschaft hat also das männliche Geschlecht die einst weiblichen Mysterien übernommen und zum Teil ein wenig uminterpretiert. Neues ist jedoch nicht hinzugekommen.

Manche Menschen sagen, dass die alten Rituale aus der matrizentrischen Zeit, z. B. das Töten des Jahreskönigs, das die Fruchtbarkeit garantieren sollte, als grausam und mörderisch abzulehnen seien. Diese Menschen bedenken nicht, dass wir in einer Zeit leben, die noch viel grausamer und schrecklicher ist. Denken wir an die Massaker, die nur ein paar wenige Flugstunden von uns entfernt überall auf der Welt stattfinden, denken wir daran, dass wir uns, sowohl zeitlich als auch räumlich gesehen, inmitten kriegerischer Gebiete befinden, dass unsere Straßen jährlich nicht nur einen, sondern viele Tote fordern und dass Kinder, denen Minen ihre Gliedmaßen wegreißen, oder Kinder und auch Erwachsene, die elendiglich zu Millionen verhungern, nicht von einer besseren, humaneren Welt sprechen können.

Abschließend zu diesem Teil noch einige Sätze zu Lunge und Leber, welche die Königin, in Salz gekocht, verspeist hat. Es ist anzunehmen, dass die alten Erzählerinnen ursprünglich das Märchen ein wenig anders erzählt haben. Dass nämlich der Jäger nur die Aufgabe hatte, Schneewittchen in den großen Wald zu führen und bei dieser Gelegenheit der Königin die Innereien eines Wildschweines mitbringen sollte. Denn der Wald symbolisiert das Dickicht des Unbewussten, und es wurden in der Tat früher die Einzuweihenden in eine Hütte, die im Wald stand, gebracht. Auch heute finden wieder so genannte »Vision Quest«-Rituale im Wald oder in der Wüste statt, wo der/die Betreffende sich einige Tage in der Einsamkeit aufhält, um seine/ihre Bestimmung, sein/ihr Schicksal zu finden. Wenn er/sie nach dieser Zeit wieder zurückkehrt in die Gesellschaft, ist auch er ein anderer, sie eine andere geworden. Durch das Ritual einer Vision-Quest soll ebenfalls ein symbolischer Tod erlitten und damit die Wandlung der Persönlichkeit erreicht werden.

Das Wildschwein gehört seit jeher zum Begleittier der großen Mutter – wir verweisen hierzu auf das Buch von Jutta Voss »Das Schwarzmondtabu«. Wenn wir darüber hinaus die Bräuche verschiedener Völker aus der vor-patriarchalen Zeit anschauen, dann sehen wir, dass der Eber wie der Widder (ihn lernen wir noch im Kapitel über Medea kennen) mit einem Opfergott gleichgesetzt wurde.[2] Er war der Sohn der Mutter Erde-und-Meer und opferte sich, um damit weiteres Leben auf dieser Erde zu garantieren. Die uralte Sichtweise des Opfertieres als Erlöser oder als Ersatz für Menschenopfer soll sich auf der Hebrideninsel Malekula noch bis heute erhalten haben. Da heißt es, dass Mutter Tod die Tore des Totenreichs bewacht. Um das Leben zu erhalten, muss ein Mann diese Tore passieren. Dieser Mann gibt ihr ein Schwein zu essen, damit er von ihr nicht bemerkt wird. Während sie das Schwein isst, geht er unbehelligt durch das Totenreich, und das Leben kann fortbestehen. Es verblüfft doch zu sehen, wie diese Anschauung im Märchen »Schneewittchen« lebendig geblieben ist. Auch der Brauch in den skandinavischen Ländern, am Julfest – unserem Weihnachtsfest – ein gebratenes Schwein zu essen, zeigt, wie tief die Bilder und Mythen aus der vor-patriarchalen Zeit sich in der Seele der Menschen gehalten haben. Zudem ist es in Skandinavien üblich, das Schwein mit einem Apfel in der Schnauze zu braten, weil der Apfel das Symbol für die Unsterblichkeit ist. Doch zu ihm kommen wir später noch.

Den Innereien eines Tieres, vor allem der Leber, wurde von jeher Lebenskraft zugeschrieben, wir sagen noch heute, dass in der Leber viele wertvolle Vitamine enthalten seien, dass man sie zur Blutbildung essen soll. Bei einigen Völkern galt die Leber auch als Sitz der Seele und der Liebe. Von daher ist es nicht verwunderlich, dass dieses Motiv in einem Märchen auftaucht, das von der Einweihung in das Leben mit all seinen Aspekten handelt.

Die Quest

Nun war das arme Kind in dem großen Wald mutterselig allein und ward ihm so Angst, dass es alle Blätter an den Bäumen ansah und nicht wusste, wie es sich helfen sollte. Da fing es an zu laufen und lief über die spitzen Steine und durch die Dornen, und die wilden Tiere sprangen an ihm vorbei, aber sie taten ihm nichts.

In diesen Zeilen des Märchens wird die Idee der Vision-Quest recht deutlich. Denn es gehört zu einer Einweihung, sich mit seinen Ängsten und Befürchtungen auseinander zu setzen. Letztendlich geschieht auch etwas ganz Ähnliches während einer Psychotherapie, sei es, dass sie der Selbstfindung des/der Betreffenden dient, sei es, dass eine schwere Symptomatik seelischer und/oder körperlicher Art die Hilfe Suchenden in die psychotherapeutische Praxis geführt haben. Auch hierbei stehen immer starke Ängste im Mittelpunkt des Geschehens, auch wenn es manchmal zunächst so aussehen sollte, als gäbe es diese nicht. Denn jedes Gefühl, jeder Affekt kann sehr gut versteckt, zurückgehalten, verdrängt oder in andere Gefühle umgewandelt worden sein, so dass die Betreffenden den Eindruck haben, ziemlich angstfrei zu sein.

Doch niemand kann völlig frei von Angst sein, denn sie ist ein absolut verlässliches Grundgefühl in allen Lebewesen, weil es ja hilft, das Leben zu schützen, indem Gefahren über diese starke Emotion rasch genug erkannt werden können. Und es gibt in den meisten Fällen Phasen während einer Therapie, in denen die davon Betroffenen sich tatsächlich wie zerstückelt fühlen. Es geht ja bei einer Analyse des psychischen Geschehens um das Auseinandernehmen der seelischen Inhalte, um sie danach wieder so zusammenzusetzen, dass sie dem Leben und der Gesundheit dienen, dass sie vor allem der jeweiligen Realität entsprechen.

Bei uns Menschen ist eine Phase im Leben ausgewiesen, die extra dazu dient, zu sich selbst zu finden, sich zu lösen aus dem Raum der Kindheit, um sich in eine neue Identität als Erwachsene/r hineingeben zu können. Wir nennen diese Lebensphase »Pubertät«. Ein wenig übertrieben könnte man sagen, es ist die Zeit des Zerstückeltwerdens. Das, was bisher den jungen Menschen ausgemacht hat, wird aufgebrochen, gleichsam durcheinander gewürfelt und wie in einem Kaleidoskop zu einem neuen Bild wieder zusammengesetzt. Aus dem Mädchen soll eine Frau, aus dem Jungen ein Mann werden. Scheinbar vollzieht sich diese Wandlung mehr in der äußeren Gestalt, im Körper der jungen Menschen. Doch ebenso und eigentlich geht es um das Kernstück der Persönlichkeit, um die subtile Gefühlswelt, die oft gar nicht das Bewusstsein erreicht, sondern sich, weil sie unterdrückt wird, in körperlichen Zuständen, die manchmal zu Krankheitssymptomen führen, ausdrückt. Die weit verbreiteten Essstörungen, die zwar eher Mädchen, aber durchaus auch Jungen entwickeln, gehören in diese Phase des »Zerstückeltwerdens«. Kann uns das Märchen von Schneewittchen auch hierüber etwas verdeutlichen?

Ja, denn in diesem Märchen fehlt der Vater. Wir lesen nur von seiner Tochter, seiner gestorbenen Frau und seiner neuen Partnerin, die das weitere Geschehen dominiert und steuert. Hier bildet sich ein Problemfeld ab, das heute in vielen Familien das Zusammenleben prägt und belastet.

Junge Frauen erleben einen unlösbaren Konflikt, wenn sie einerseits den schwer erreichbaren Vater ersehnen, aber gleichzeitig fürchten müssen, die Mutter mit dieser besonderen Zuneigung zum Vater zu belasten oder zu verärgern. Dieser Konflikt zwischen Müttern und Töchtern ist ja ebenfalls ein schwieriges Kapitel für die heranwachsende junge Frau. Und für die jungen Männer stellt der abwesende Vater eine nicht zu schließende Lücke in diesem wichtigen Reifungsprozess dar. Es fehlt das lebendige Beispiel, der Junge ist mehr oder weniger angewiesen auf das Bild des Vaters, das die Mutter ihm vermittelt. Vor allem fehlt beiden Geschlechtern die Zärtlichkeit des Vaters und seine Bewunderung für den heranreifenden Menschen. Vaters Zärtlichkeit und Bewunderung muss allerdings frei sein von eigenen Begehrlichkeiten. Für das Mädchen frei von erotisch-sexuellen Übergriffen und für den Jungen frei von Neid und Eifersucht. Die Essstörungen, die junge Menschen in diesem Alter leicht entwickeln, weisen immer auf eine Verweigerung des Erwachsenwerdens hin und in schlimmen Fällen auf eine Weigerung, überhaupt am Leben teilnehmen zu wollen. Man kann sie von dem heimlichen Wunsch, lieber tot zu sein, nicht trennen.

Auch den Müttern wird mit dem Fehlen des Vaters schweres Unrecht zugefügt. Denn die unerfüllte Sehnsucht nach dem Vater verwandelt sich im jungen Menschen in Hass und Ablehnung. So wird die Mutter zur Bezugsperson Nummer eins, auf die alles übertragen wird, was an ungelösten Gefühlsstürmen in den jungen Menschen tobt. Das heißt, der Hass und die Ablehnung, die dem Vater gelten, werden oftmals von der Tochter auf die Mutter übertragen und gleichzeitig kann die unerfüllte Sehnsucht nach Zärtlichkeit und Bewundertwerden, die jeder heranwachsende Mensch dringend braucht, ebenfalls an die Mutter gerichtet sein, die allein solche starken Gefühle aber nicht befriedigen kann. Auf diese Weise entstehen zu enge Bindungen an sie, welche positiver oder negativer Art sein können.

Die Quest ist also die Frage und die Suche nach sich selbst und für junge Frauen und junge Männern deshalb so schwer, weil der Blick beider Elternteile in vielen Fällen nicht wohlwollend auf ihnen ruht, weil sie in ihrem Werden oftmals nicht positiv verstärkt werden, weil die bedingungslose Liebe der Eltern sie nicht hält. Dann magern sie entweder zum erbarmungswürdigen Skelett ab oder sie »fressen« alles in sich hinein, was sie nur bekommen können – eben außer der Liebe –, um es dann wieder herauszuwürgen, weil es ja nicht das ist, was sie wirklich brauchen. Junge Männer spielen sich auch als Rowdys auf, weil sie damit ihr zartes, liebebedürftiges Gefühl am Besten verdrängen können. Was das später für das Mann- bzw. Frausein und damit für die Paarbeziehung bedeutet, kann man sich leicht ausrechnen oder in der Realität beobachten.

Von daher gesehen bekommt das Handeln der bösen Stiefmutter im Märchen vielleicht sogar Sinn und wird ein wenig besser verstehbar. Sie verhindert nämlich mit dem Verstoßen des jungen Mädchens, dass sich dieses in Ermangelung des Vaters allzu sehr, mit allen aufgestauten negativen und positiven Emotionen, an sie bindet. Und sie handelt im eigenen Interesse, denn sie möchte nicht Zielscheibe der widersprüchlichen Gefühle des heranwachsenden Mädchens sein.

An dieser Stelle wird auch deutlich, dass die menschliche Psyche ein in sich recht widersprüchliches Gefüge ist. Wir können aus seelischen Reaktionen und den vielfältigen Verhaltensweisen von Menschen, die auch als Einzelne durchaus nicht nur einfach, klar und rational nachvollziehbar handeln, kein logisch strukturiertes System machen. Wann immer wir so etwas versuchen, scheitern wir. Deshalb können gerade auch Märcheninterpretationen so unterschiedlich ausfallen. Denn in den Bildern, die uns ein Märchen bietet, können stets mehrere Bedeutungen enthalten sein.

In der Handlung eines Märchens, einer jeden Geschichte, schwingen stets verschiedene Botschaften mit. Wir können sie betrachten wie die bunte Warenauslage eines orientalischen Bazars und uns nach Lust und Laune das dort heraussuchen, wonach uns gerade der Sinn steht, bzw. das, was uns gerade sinnvoll erscheint.

Allerdings benötigen wir dazu eine gewisse Bereitschaft, Paradoxien anzunehmen. Das bleibt uns letztendlich auch nicht erspart, wenn wir uns ganz auf das Leben einlassen wollen. Denn das Leben ist paradox, es überrascht uns immer wieder mit neuen Einfällen. Es ist eben eigentlich auch ein Märchen, es ist selbst eine Geschichte.

Die mystische Sieben

Es lief, solange nur die Füße noch fortkonnten, bis es bald Abend werden wollte; da sah es ein kleines Häuschen und ging hinein, sich zu ruhen. In dem Häuschen war alles klein, aber so zierlich und reinlich, dass es nicht zu sagen ist. Da stand ein weiß gedecktes Tischlein mit sieben kleinen Tellern, jedes Tellerlein mit seinem Löffelein, ferner sieben Messerlein und Gäbelein und sieben Becherlein. An der Wand waren sieben Bettlein nebeneinander aufgestellt und schneeweiße Laken darübergedeckt. Schneewittchen, weil es so hungrig und durstig war, aß von jedem Tellerlein ein wenig Gemüs und Brot und trank aus jedem Becherlein einen Tropfen Wein; denn es wollte nicht einem allein alles wegnehmen. Hernach, weil es so müde war, legte es sich in ein Bettlein, aber keins passte; das eine war zu lang, das andere zu kurz, bis endlich das siebente recht war: und darin blieb es liegen, befahl sich Gott und schlief ein.

Wenn man diesen Text liest, dann drängt sich die Frage auf: »Warum wird die Zahl Sieben so häufig genannt?« Es sieht fast so aus, als wollten die Erzählerinnen, die das Märchen immer wieder an jede neue Generation überliefert haben, damit etwas Wichtiges sagen. Was könnte es sein? Oder dienen die Wiederholungen lediglich dazu, den Kindern, die sie hören, Spaß zu bereiten? Denn Kinder lieben Wiederholungen. Doch auch hier kann man weiter fragen: »Warum hören Kinder so gerne immer wieder dasselbe?« Sie mögen es meistens gar nicht, wenn die tägliche Gutenachtgeschichte in Variationen erzählt wird. Sie möchten sie immer wieder so hören, wie sie diese kennen. Es scheint sich also bei Wiederholungen um ein Grundmuster zu handeln, das einen bestimmten Zweck erfüllt. Er ist ganz einfach zu finden: Das Gehirn – nicht nur das menschliche, sondern auch das von lernfähigen Tieren – braucht Wiederholungen, oft viele Auffrischungen, um entsprechende Fähigkeiten zu bilden. Durch Wiederholungen werden Schaltkreise gebildet, die später sozusagen automatisch ablaufen, so dass der betreffende Mensch, das betreffende Tier ohne spezielle Aufmerksamkeit eine bestimmte Tätigkeit ausüben kann. Wir kennen solche Wiederholungen beim Lernen einer Fremdsprache oder wenn ein Kind übt, sein Gleichgewicht beim Radfahren zu halten oder eine bestimmte Atemtechnik beim Schwimmen anzuwenden. Und wer seinen Führerschein bestanden hat, weiß, wie viele, oft quälende, Übungsstunden diesem Ereignis vorausgegangen sind.

Wiederholungen lassen also das Leben leichter gelingen. Doch wozu brauchen wir sie bei der Zahl Sieben?

Wir werden es verstehen, wenn uns bis hierher die Grundaussage des Märchens Schneewittchen deutlich geworden ist. Wir haben es schon mehrfach geschrieben: Dieses Märchen erzählt den Einweihungsweg einer Frau und bietet damit das Bild für die Entfaltung des Weiblichen. Diese Aussage können wir nun einfach so hinnehmen und uns weiter fröhlich die entsprechende Symbolik anschauen, wir können aber auch noch eine grundsätzliche Verständnisfrage anfügen, zum Beispiel: »Was ist eine Einweihung? Worum geht es da?«

Der Begriff »Einweihung« klingt vielleicht ein wenig altmodisch und irgendwie auch heilig. Unter einem eingeweihten Menschen verstehen viele einen, der »die Welt hinter sich gelassen hat«, sich ein wenig seltsam benimmt und Weisheiten verkündet. Die Menschen verneigen sich vor ihm/ihr und sind sehr beeindruckt. Nichts von alledem wird die Frau tun, die den Einweihungsweg gegangen ist, die erfahren hat, wie das Leben wirklich ist. Es geht nämlich bei einer so genannten Einweihung um einige wenige Grundwahrheiten:

- Die erste lautet: Leben ist mit Schmerzen verbunden. Sowohl die Mutter als auch das Kind – das weibliche und das männliche – erleben dies bei der Geburt.
- Die zweite Grundwahrheit ist: Leben ist mit Trennung verbunden. Das Kind muss den Mutterleib verlassen, die Mutter muss ihr Kind hergeben.
- Die nächste heißt: Leben ist mit Angst verbunden, weil es leben möchte, sich erhalten will und von daher sich schützen muss.
- Die vierte Grundwahrheit: Leben ist mit Einsamkeit verbunden, denn die Schmerzen und die Ängste, die ich erleide, kann mir niemand abnehmen, ich muss sie ganz alleine aushalten.
- Fünftens: Leben ist mit dem Tod verbunden. Das heißt, Leben ist vergänglich, alles ist vergänglich, es gibt nichts, was ewig bestehen bleibt. Halt, stopp, so stimmt es nicht ganz, denn es ist nur alles Äußere vergänglich. Es fehlen noch zwei Grundwahrheiten.
- Die sechste Lebenserfahrung lautet nämlich: Leben ist mit Liebe verbunden. Sie ist die Kraft, die selbst den Tod überdauern kann, was in vielen Todesanzeigen zu lesen ist. Die Liebe ist die Energie, die Getrenntes wieder zusammenfügen kann, die also nicht nur den Tod, sondern auch das Trennende überwindet. Sie führt zur
- siebten Wahrheit: Es gibt etwas, aus dem heraus immer wieder etwas erschaffen, aus dem heraus Leben immer wieder neu geboren wird. Es ist das Leben selbst, das sich nicht unterkriegen lässt, das immer wieder Wege findet, Hindernisse zu umgehen, und seien sie auch noch so ungewöhnlich. Leben ist hemmungslos kreativ. Obwohl

es naturwissenschaftlich, also chemisch-physikalisch betrachtet, nur über eine ganz geringe Zahl von Grundelementen verfügt, überrascht es uns seit Jahrmillionen täglich mit neuen Einfällen. In Märchen und Mythen werden diese sehr lebendig dargestellt.

Diesen sieben Grundwahrheiten nun sind Frauen sehr nahe, weil sie am eigenen Leibe dieses Werden und Vergehen erleben. Junge Mädchen, die nicht darauf vorbereitet sind, dass jeden Monat in ihnen ein befruchtungsfähiges Ei heranreift und wieder ausgestoßen wird, wenn keine Befruchtung stattfindet, dass also jeden Monat wieder neues Leben in ihnen entsteht und möglicherweise auch gleich danach stirbt, können regelrecht geschockt auf diesen Vorgang reagieren. Sie erschrecken zu Recht, denn hier geht es – bedenkt man es genau – um ein ungeheuerliches, wenn auch wunderbares Geschehen. Das Leben bereitet sich auf seine Existenz vor, nimmt sich zurück, bereitet sich wieder vor, usw. Monat für Monat, Jahr für Jahr in Millionen von Frauen, seit Millionen von Jahren. Und wenn die Wissenschaft nicht eingreift, wird das so weitergehen. Dieser großartige Vorgang verlangt ein entsprechend respektvolles Handeln.

Hinzu kommt, dass dieses allmonatliche Geschehen in einem bestimmten Zeitrhythmus abläuft, nämlich in der Regel alle 28 Tage. Wir hatten schon von der »heiligen Drei« geschrieben, von den drei Schicksalsfrauen, von der dreifaltigen Göttin, von den drei Wochen des sichtbaren Mondes. In der vierten Woche taucht er unter, verschwindet in einem nicht sichtbaren, geheimnisvollen Bereich, dafür wird der monatliche Zyklus der geschlechtsreifen Frau im Abstoßen des nicht befruchteten Eies, in der Blutung sichtbar. So gesehen wird verständlich, dass die Drei zur heiligen Zahl wird, welche das Göttliche, das heilige Leben beschreibt, und die Vier zur weltlichen Zahl, welche das Leben in Verbindung mit dem Tod beschreibt. Drei und Vier jedoch ergeben Sieben, also die Zahl der Vereinigung vom göttlich-ewigem und erdhaft-endlichem Leben.

In dieser mystischen Verbindung regiert die Sieben den menschlichen Lebensweg, denn alle sieben Jahre beginnt ein neuer Lebensabschnitt. Die jeweiligen Übergänge können manchmal schwierig sein, denn da gilt es Altes aufzugeben und Neues anzupacken. Und wer kennt nicht den Schmerz der Trennung und die Angst vor dem Unbekannten? Sicher soll die häufige Wiederholung der Zahl Sieben in diesem Märchen auf das Thema »Phasen der Entwicklung« hinweisen. Aber auch darauf, dass Leben nicht ohne den Tod sein kann. Dass Leben also gleichzeitig auch Tod bedeutet. Besonders anschaulich wird dies in einem alten, babylonischen Mythos beschrieben:

Ishtar, die Große Göttin – ihr Name bedeutet »Stern« – wird ihres Geliebten, Tammuz, beraubt. Sie steigt in die Unterwelt, um ihn zu befreien. Sieben Tore versperren ihren Weg. Um hindurchgelassen zu werden, muss sie abgeben und ablegen, was sie bei sich trägt: ihren Schmuck und ihre königlichen Kleider. Am Ende steht sie nackt und bloß vor ihrer Schattenschwester Ereshkigal, die sie auch noch verhöhnt.

Da aber auf der Erde das Leben erstarrt, muss Ereshkigal den geraubten Tammuz herausgeben. Denn wenn auf der Erde nichts wächst, bekommen auch die Götter keine Speise mehr. Ishtar darf also mit ihrem Geliebten die Unterwelt verlassen und erneut Hochzeit mit ihm feiern.

Mit dem Erstarren der Erde erinnert dieser Mythos an den Beginn des Schneewittchen-Märchens. Auch da blüht und wächst nichts, die Erde ist mit Schnee bedeckt. Offenbar hält sich Ishtar gerade in der Unterwelt auf. Doch ist sie mit ihrem Geliebten auch wieder im hellen Licht des Frühlings erschienen, sonst wäre nicht neues Leben entstanden, eben das Kind Schneewittchen. Dieses Mädchen jedoch wird auch den Weg gehen, der keiner Frau erspart bleibt, den Weg, der Leben mit dem Tod verbindet, der von dem Vorgang kündet, dass Leben in ihrem Körper entsteht und auch dort stirbt oder dass sie Leben gebiert, welches auch wieder sterben muss. Und sie wird unterrichtet, dass sich Leben entwickelt, hin zu seiner Blüte und zurück zum Tod. In Abschnitten, die jeweils sieben Jahre dauern. Dies ist das Geheimnis der weiblichen Einweihung.

Die derart Eingeweihte erscheint nach dieser Prozedur nicht »heilig«, mit tausend weisen Sprüchen auf den Lippen wieder in der menschlichen Gesellschaft. Im Gegenteil: sie ist demütig geworden. So wie Ishtar gedemütigt vor ihrer Unterweltsschwester, der Macht des Todes steht. Ein durchschrittener Leidensweg – und wer kennt nicht Phasen voller Kummer und Schmerzen in seinem Leben – lässt zwar weise werden, doch es ist eine inwendige, eine stille Weisheit, eine, die um das große Geheimnis von Leben und Tod weiß, dies jedoch nicht zur Schau stellt. Wer solches tut, ist nicht wirklich wissend.

Schneewittchen ist also im Reich der Sieben gelandet, es wird lernen, was es heißt, zu leben und immer wieder in diesem Leben zu sterben. Das ist die Aufgabe, die es nun zu bewältigen gilt. Dreimal erhält sie Gelegenheit, dies zu verstehen. Dreimal, weil sinnvollerweise die drei Schicksalsfrauen die Aufgabe übernehmen, das Weibliche über seine Bestimmung aufzuklären. Erst dann kann es sich mit dem Mann, der dazu ausersehen ist, vereinen, um mit ihm zusammen Leben weiterzutragen.

An dieser Stelle können wir jedoch die Frage aufwerfen, ob es in unserer Zeit eigentlich noch gut, richtig und sinnvoll ist, immer wieder neues Leben der überbevölkerten Erde hinzuzufügen? Möglicherweise geht es ja auch noch um etwas anderes auf diesem Planeten als um weiteres biologisches Wachstum. Von der Evolution her gesehen hätten sich keine Menschen zu entwickeln brauchen, wenn das

Evolutionsziel die Biologie wäre. Menschen zeichnen sich durch ihr Bewusstsein aus – selbst wenn dies bei einigen noch nicht sehr weit fortgeschritten ist. Wir können also vermuten, dass Frauen und Männer nicht allein dazu erschaffen wurden, dass sie Kinder auf zwei Beinen miteinander produzieren sollen. Betrachten wir nämlich alles, was uns dieser Planet zeigt, als Bilder, als Symbole für etwas, dann könnte das biologische Leben ein Ausdruck des geistigen Lebens sein. Von daher würden also biologische Kinder geistigen Kindern, schöpferischen Ideen entsprechen.

Die Zahlen, mit deren Hilfe wir bis in die fernen Weiten des Kosmos vordringen können, die uns zu unserem Beginn, zum »Urknall« zurückführen, sind solche geheimnisvollen geistigen Schöpfungen. Dass sie so häufig in Märchen, gerade in diesem hier, vorkommen, mag ein Hinweis darauf sein, dass es letztendlich um die Entfaltung des Geistes geht, also um das Erwachen zur Bewusstheit. Wir werden uns am Ende dieses Buches damit noch ausführlicher beschäftigen.

Die Zwerge

Als es ganz dunkel geworden war, kamen die Herren von dem Häuslein, das waren die sieben Zwerge, die in den Bergen nach Erz hackten und gruben. Sie zündeten ihre sieben Lichtlein an, und wie es nun hell im Häuslein ward, sahen sie, dass jemand darin gewesen war, denn es stand nicht alles so in der Ordnung, wie sie es verlassen hatten. Der erste sprach: »Wer hat auf meinem Stühlchen gesessen?« Der zweite: »Wer hat von meinem Tellerchen gegessen?« Der dritte: »Wer hat von meinem Brötchen genommen?« Der vierte: »Wer hat von meinem Gemüschen gegessen?« Der fünfte: »Wer hat mit meinem Gäbelchen gestochen?« Der sechste: »Wer hat mit meinem Messerchen geschnitten?« Der siebente: »Wer hat aus meinem Becherlein getrunken?« Dann sah sich der erste um und sah, dass auf seinem Bett eine kleine Delle war, da sprach er: »Wer hat in mein Bettchen getreten?« Die andern kamen gelaufen und riefen: »In meinem hat auch jemand gelegen.« Der siebente aber, als er in sein Bett sah, erblickte Schneewittchen, das lag darin und schlief. Nun rief er die andern, die kamen herbeigelaufen und schrien vor Verwunderung, holten ihre sieben Lichtlein und beleuchteten Schneewittchen. »Ei, du mein Gott! Ei, du mein Gott!«, riefen sie, »was ist das Kind so schön!«, und hatten so große Freude, dass sie es nicht aufweckten, sondern im Bettlein fortschlafen ließen. Der siebente Zwerg aber schlief bei seinen Gesellen, bei jedem eine Stunde, da war die Nacht herum.

Als es Morgen war, erwachte Schneewittchen, und wie

es die sieben Zwerge sah, erschrak es. Sie waren aber freundlich und fragten: »Wie heißt du?« – »Ich heiße Schneewittchen«, antwortete es. »Wie bist du in unser Haus gekommen?«, sprachen weiter die Zwerge. Da erzählte es ihnen, dass seine Stiefmutter es hätte wollen umbringen lassen, der Jäger hätte ihm aber das Leben geschenkt, und da wär' es gelaufen den ganzen Tag, bis es endlich ihr Häuslein gefunden hatte. Die Zwerge sprachen: »Willst du unsern Haushalt versehen, kochen, betten, waschen, nähen und stricken, und willst du alles ordentlich und reinlich halten, so kannst du bei uns bleiben, und es soll dir an nichts fehlen.« – »Ja«, sagte Schneewittchen, »von Herzen gern«, und blieb bei ihnen. Es hielt ihnen das Haus in Ordnung: Morgens gingen sie in die Berge und suchten Erz und Gold, abends kamen sie wieder, und da musste ihr Essen bereit sein. Den Tag über war das Mädchen allein; da warnten es die guten Zwerglein und sprachen: »Hüte dich vor deiner Stiefmutter, die wird bald wissen, dass du hier bist; lass ja niemand herein.«

In vielen Märchen tauchen Wesen auf, die dem Helden und der Heldin bei der Lösung der entsprechenden Aufgabe beistehen, ihn/sie beschützen und mit nützlichen Tipps versehen, wie hilfreiche Tiere oder Zwerge. Es ist wohl angebracht zu fragen, welcher Quellen sich diese Wesen bedienen.

Wenn Tiere im Märchen dem Helden, der Heldin weiterhelfen, dann denken wir an das Animalische im Menschen, also an seine/ihre eigene Tierseele, die ja in jedem von uns auf Grund der Phylogenese, die unser Gehirn bis zu seiner vollständigen Ausbildung durchläuft, gespeichert ist.

Zwerge hingegen gewinnen ihre Stärke, die in einer natürlichen Weisheit liegt, aus anderer Quelle. Zwerge zeichnen sich dadurch aus, dass sie zwar kleine, jedoch recht schlaue Wesen sind. Beispielhaft sei der Hofnarr erwähnt, der oft ein bisschen verhutzelt, krumm oder mit einem Buckel gezeichnet wird. Wahrscheinlich gerade deshalb, weil er nicht mit körperlicher Schönheit aufwarten kann, hat er sich eine andere Eigenschaft entwickelt: die Klugheit oder Weisheit. Er berät mächtige Könige, die manchmal ohne seinen Zuspruch entscheidungsunfähig sind. Woher nun nehmen Zwerge, die kleinen, misswüchsigen Wesen, ihr Wissen?

In diesem Märchen heißt es, dass sie in den Bergen nach Erz graben und hacken. Der Berg stellt ein Symbol für das Weibliche dar. In jedem Land – weltweit – repräsentieren Berge die Brüste und den Bauch der Großen Mutter oder den »Mons Veneris«, den »Venushügel«, also den Schamberg. Der Mons Veneris umfasst die Erde und das Paradies, in dem die Götter wohnen. Wie gesagt, in allen Ländern wurden die Berge ursprünglich als das Weibliche gesehen, doch besonders deutlich kommt dies zum Ausdruck in den Namen der höchsten Berge der Welt, die zum Himalaya – woher übrigens unser Wort »Himmel« herrührt – gehören. Der höchste aller Berge, der im Westen Mount Everest genannt wird, heißt »Chomolungma«, das heißt »Göttin-Mutter des Universums«, dicht daneben erhebt sich der »Annapurna«, das heißt »Die Speisevolle«. Auch die Silbe »An«, die weiblich ist, bedeutet »Himmel«. Dann gibt es dort den »Nanda Devi«, »Gesegnete Göttin«. Sie ist die Mutter des Flusses »Ganga«, der heute Ganges genannt und von den Hindus hoch verehrt wird. Es heißt, wer einmal nur in den Wassern des Ganges untertaucht, ist von allen Sünden befreit und hat freien Zugang zu den himmlischen Sphären. Die Quellen, die den Bergen entspringen, wurden als das Menstruationsblut der geschlechtsreifen Frau, also der Frau, die Mutter werden kann, gesehen.

Weil die Symbolik von Himmel und Berg so vielfältig ist, zitieren wir hier aus dem Buch »Das geheime Wissen der

Frauen« von Barbara Walker[3] nur einen kleinen Teil dessen, was unter dem Stichwort »Berg« ausgeführt ist:

»Der Ausdruck ›im siebten Himmel‹ entstand aus dem alten Glauben, dass die sieben himmlischen Sphären gleich einem siebenstöckigen Berg angeordnet seien, wie ihn auch die siebenstufige babylonische Zikkurat (›Berg des Himmels‹) darstellte. Dem himmlischen Reich entsprachen unter der Erde sieben konzentrische ›Höllen‹ oder ›Gruben‹ in Sheol, dem Spiegelbild des himmlischen Reiches in der unendlichen Tiefe. Es wurde von der Königin der Unterwelt beherrscht, die viele Namen hatte – Allatu, Ereshkigal, Persephone, Hel, Hekate, Nephtys oder den des früher weiblichen Pluto –, aber immer ein finsteres *alter ego* der Himmelsgöttin war.

Die babylonische Unterwelt war wie Dantes Inferno in sieben Zonen aufgeteilt, nach dem Modell der sieben planetarischen Sphären ... Sieben Tore, jedes von einem Türhüter bewacht, gaben Einlass ... Diese Vorstellungen von den Kreisen der Unterwelt findet sich auch in der ägyptischen Mythologie des Totenrituals. Assyrische Priester stiegen, wie der biblische Joseph, als Teil ihrer Initiationen von Tod und Wiedergeburt in Gruben hinab. Dort, am Grund des himmlischen Berges, im Land der Schwarzen Sonne, befanden sich die Fundamente der Erde, das Aufeinandertreffen der mächtigen Wasser.«

Jetzt wissen wir also, woher die Zwerge, die in den Bergen nach Erz graben – übrigens wird in der Alchemie das Kupfer der Venus zugeordnet –, ihre Weisheit schöpfen. Und wir verstehen jetzt auch noch besser, warum es ausgerechnet sieben Zwerge sein müssen in diesem Märchen. Beides, die in den Bergen arbeitenden Zwerge und die Zahl Sieben weisen ganz eindrücklich auf die Initiation hin, um die es in diesem Märchen geht.

Und noch etwas anderes wird hier deutlich – wir haben darüber schon im Kapitel »Das Weibliche« gesprochen: Das

Männliche geht aus dem Weiblichen hervor, und nicht umgekehrt wie im Schöpfungsbericht der Bibel, in dem Gott Eva aus einer Rippe des Adam erschafft. Schon mit dem einfachen, gesunden Menschenverstand betrachtet, ist es blanker Unsinn, dass aus der Rippe eines Mannes eine Frau entstehen soll. Dass jedoch Mütter Söhne gebären, ist Realität.

Wenn sich die assyrischen Priester ebenso wie die Schamanen in ihrer Initiation der Erfahrung von Tod und Wiedergeburt aussetzen, also in den weiblichen Bereich hineingehen, dann ist dies eine natürliche, d.h. Natur gegebene Handlung. Es ist auch in unserer Zeit jedem Mann nur zu empfehlen, dass er sich hineinwagt in das Dunkel seiner Seele, in das Unbewusste – z.B. indem er auf seine Träume achtet, seine inneren Bilder wahrnimmt, vielleicht eine Aktive Imagination macht oder sich bildnerisch betätigt –, um so Anteil zu gewinnen an der »Unterwelt«, an der Sphäre, die ihm unbekannt bleibt, wenn er sich ihr entzieht. Jede Frau reagiert erfahrungsgemäß dankbar und mit viel Verständnis auf so einen Mann, denn dies ist die wahre Heldentat, die er vollbringen kann. Nicht als Draufgänger und Schürzenjäger, nicht als Gipfelstürmer oder Ralleyfahrer, oder was er sonst an Verrücktem und Gefährlichem unternehmen mag, imponiert er der Frau, sondern viel eher dadurch, dass er sich hineinwagt in das wirklich Unbekannte seiner Seele. So wie es die Zwerge tun, die von nun an dem Schneewittchen beistehen werden.

Der Spiegel

*Die Königin aber, nachdem sie Schneewittchens Lunge
und Leber glaubte gegessen zu haben, dachte nicht
anders, als sie wäre wieder die Erste und Allerschönste,
trat vor ihren Spiegel und sprach:*
»*Spieglein, Spieglein an der Wand,
wer ist die Schönste im ganzen Land?*«
Da antwortete der Spiegel:
»*Frau Königin, Ihr seid die Schönste hier,
aber Schneewittchen über den Bergen
bei den sieben Zwergen
ist noch tausendmal schöner als Ihr.*«

Jetzt ist es Zeit, einmal in den Spiegel zu blicken. Er spielt neben dem Mädchen Schneewittchen und der »bösen« Königin eine Hauptrolle in diesem Märchen. Er stellt sozusagen ein wichtiges Medium in der Auseinandersetzung von zwei Frauen dar, einer schönen alten und einer schönen jungen. Die Alte rivalisiert mit der Jungen, oder sagen wir besser: das Alte rivalisiert mit dem Jungen, was ja zu jeder Zeit täglich, nicht nur unter Frauen, sondern auch unter Männern zu beobachten ist. »Wer ist die Schönste?« – »Wer ist der Beste?« – »Wer kreiert das interessante Neue – wer bleibt am Alten kleben?« – »Wer gestaltet die Zukunft – wer sträubt sich dagegen und bleibt mit dem Fuß auf der Bremse?«

Rivalität, Neid und Eifersucht kann man kritisch betrachten und als »neurotisch« oder gar als »Todsünde« ablehnen und verdammen. Damit ist jedoch nichts gewonnen. Wenn wir von den unschönen, hässlichen, schlechten oder dunklen Seiten unserer Seele etwas profitieren wollen – und warum sollten wir das nicht, schließlich bietet die allumfassende Psyche uns auch diese Eigenschaften an –, dann empfiehlt es sich, das Dunkle nicht zu meiden, so zu tun, als gäbe es dies nicht, sondern es mutig anzuschauen. Und es auch als Antriebsfeder zur gewünschten Veränderung zu betrachten.

Doch dazu brauchen wir ein Medium – hier ist es der Spiegel und in einer psychotherapeutischen Behandlung ist es der Analytiker, die Analytikerin, die sich als »lebendiger Spiegel« zur Verfügung stellen. Das heißt, dadurch dass sie sich selbst mit ihrem Eigenen, ihren Gefühlen, Gedanken und Reaktionen zurücknehmen, also – ein wenig burschikos ausgedrückt – ein »Pokerface« aufsetzen, spiegeln sie die Gefühle, Gedanken und Reaktionen ihres Gegenübers. Dieses nimmt sozusagen das bisher in ihm/ihr unbewusst Vorhandene am Therapeuten, an der Therapeutin wahr und kann es sich so bewusst machen. Der Spiegel dient also der Selbstreflexion. Nicht nur im psychoanalytischen Bereich, sondern auch ganz banal im täglichen Blick, der das Aus- und damit Ansehen des/der Betreffenden korrigieren soll.

In diesem Märchen geht es jedoch um ein Geschehen, das hinter unseren einfachen, täglichen Handlungen versteckt liegt. Es geht – im weitesten Sinne – um die Individuation, also um die ganz persönliche Entwicklung eines Menschen, hier dargestellt an einer Frau. Doch kann man Schneewittchens Weg auch als Individuationsweg eines Mannes verstehen. Denn zur Ganzwerdung gehört, dass nicht nur die äußere Person optimiert wird, sondern dass vor allem auch die Entfaltung der inneren, gegengeschlechtlichen Seite mit ins Spiel kommt. Insofern ist es für Männer genau so interessant zu sehen, was mit ihrem inneren Schneewittchen geschieht, wie es für Frauen wichtig ist, zu erkennen, was dieses Mädchen, das ja auch ihr inneres Kind darstellt, in ihnen auslöst. Hierzu können beide, Frau und Mann, in den Spiegel schauen und fragen: »Wer ist die Schönste im ganzen Land?« Und wenn der Spiegel antwortet: »Schneewittchen ist es«, dann wissen sie: »Aha, darauf kann ich noch achten, auf mein inneres Schneewittchen. Habe ich es vielleicht in letzter Zeit vernachlässigt? Habe ich es wirklich schon genau wahrgenommen? Habe ich es beschützt? Oder gar einfach allein in den Wald geschickt, wie es hier die ›böse Stiefmutter‹ getan hat? Habe ich es stiefmütterlich behandelt? Ihm nicht die nötige Aufmerksamkeit geschenkt? Oh je, ich habe ja gar nicht gewusst, dass so ein zartes, unschuldiges Wesen in mir lebt, dass auch ich Anteil an der Reinheit der Seele habe, dass auch in mir eine Energie vorhanden ist, die ungetrübt in strahlendem Weiß vibriert.«

In der Psychotherapie, vor allem in der mit Transaktionsanalyse, geht es immer auch um das innere Kind. Wird dieses vernachlässigt, hat der- oder diejenige wenig Chancen für ein Dasein, in dem Freude und Fröhlichkeit vorherrschen. Denn das innere Kind birgt das Reservoir für alle Fähigkeiten und Begabungen, die in einem Menschen angelegt sind, die er/sie von Anfang an mit auf diese Welt bringt. Sie zu entfalten gehört unbedingt zur Individuation.

Den Begriff »Individuation« haben wir nun schon einige Male verwendet, da mag es jetzt an der Zeit sein, ihn einmal genauer anzuschauen. Vielleicht ist er ja auch durch das Geschehen, das wir hier beschreiben, von selbst deutlich geworden. Da es sich jedoch um etwas ganz Zentrales im Leben des Menschen handelt, gebührt ihm wohl noch eine extra Erklärung. Wir sprechen oft so leichthin über Individuation, ohne uns wirklich Gedanken darüber zu machen, dass dies im Grunde eine sehr strenge Aufforderung ist. In der Astrologie würde man sagen, dass der gestrenge, unerbittliche Saturn der Wächter über die Individuation ist. Der lateinische Saturn heißt im Griechischen »Chronos«, und Chronos ist die Zeit. Es geht also um die Zeitqualität im Leben eines Menschen. Dass Kinder wachsen und Erwachsene altern, einfach durch die Zeit gehen, ist ganz normal. Man kann auch leben, ohne sich zu individuieren – eben einfach so vor sich hin, vom Baby zum Greis werden, das geschieht allen, wenn sie nicht irgendwann vorher sterben. Man braucht sich nicht mit inneren Gegebenheiten zu beschäftigen, ob mit oder ohne Horoskop, man braucht sich also um die saturnische Forderung in seinem Leben nicht zu kümmern, man kann einfach nur leben und alt werden.

Doch das wäre eigentlich schade. Wenngleich der Individuationsprozess unbequem und anstrengend sein kann, steckt er doch auch voller Wunder, die einem auf diesem Weg begegnen können. Manchmal drängt er sich sogar ungefragt von selber auf. Dies geschieht häufig irgendwann so um die Lebensmitte, wenn die Aufgaben, welche die Außenwelt stellt – lernen, Beruf aufbauen, Karriere machen, Familie gründen, Kinder in die Welt setzen und aufziehen – erledigt sind. Dann meldet sich die Innenwelt, Saturn steht da mit strengem Gesicht und sagt: »Jetzt wird es aber Zeit, dass du den Forderungen deiner Innenwelt entsprichst. Schließlich hast du deine Begabungen nicht erhalten, um sie ungenutzt einfach liegen zu lassen, um sie der Zeit zu opfern. Du hast sie bekommen, damit du etwas anfängst mit ihnen, damit du ganz du selbst wirst, damit du deine Einzigartigkeit erkennst, damit du dich ab- und heraushebst aus der Masse. Nicht im Sinne einer Überheblichkeit, sondern im Sinne der Demut und Dankbarkeit für das, was du an Wertvollem für deinen Weg durchs Leben erhalten hast. Also los jetzt, raffe dich auf und schau, wer du wirklich bist.« So könnte Saturn sprechen und uns auf den Spiegel verweisen, in den wir schauen sollen, um uns selbst zu erkennen. Um zu sehen, was noch fehlt zu unserer Einmaligkeit. Oder was zuviel ist. Denn zunächst geht es beim Individuationsprozess darum, alles Unnötige wegzulassen, die Seelenkammer zu entrümpeln. Dazu kann manchmal gehören, auch die Wohnung, in der wir leben, kritisch anzuschauen und alles nicht mehr Gebrauchte, alles Unnötige, aber auch alles Schwere, Drückende, das die Weiterreise belasten würde, zu entfernen. Zum Beispiel die Eichenschrankwand, die man einst von den Großeltern bekam, oder die Teller mit Goldrand, die Sammeltassen und Bücher, in die längst niemand mehr hineinschaut. Je leichter das äußere Gehäuse ist, desto freier entfaltet die Seele sich und zeigt an, was jetzt für sie wichtig ist, um ihren Kern zu entdecken. Zur Individuation gehört das Sich-Häuten, Schicht für Schicht das nicht mehr Gebrauchte, das, was sich überlebt hat, abzustreifen, sich zu schälen wie eine Zwiebel. Damit nur das Eigentliche übrig bleibt.

Heute fällt vielen Menschen so eine Neugestaltung der Wohnung gar nicht schwer, sie liegt gerade im Trend und wird »Lessness« oder »Downshifting« genannt.

Der Schweizer Heilige Nikolaus von Flüe hat den Individuationsprozess in sehr einfachen, klaren Worten ausgedrückt, die wirklich nur das Wesentliche enthalten, um das es geht:

Herr, mein Gott,
nimm alles mir,
was mich hindert zu dir.

Und gib alles mir,
was mich fördert zu dir.

Schenke mir Armen dein Herz.
Nimm mich mir
und gib mich ganz zu eigen dir.

Genau das ist es. Zur Individuation muss alles beiseite gelassen werden, was äußerer Schein ist, nur der Kern, das *ei-*

gen-tliche Wesen darf übrig bleiben. Nikolaus von Flüe hat es in seiner religiösen Sprache ausgedrückt, er hat diese Bitte als Herzensgebet an Gott gerichtet. In der uns geläufigen psychologischen Sprache, vor allem der Psychologie C. G. Jungs, ist mit Gott auch das Selbst, der innerste Kern im Menschen angesprochen. Wir können in diesem innersten Kern auch das Göttliche Kind entdecken, denn wir bringen alles, was zur individuellen Entfaltung gehört, bereits mit auf diese Welt, verfügen darüber vom ersten Tag an. In kleinen Kindern kann man noch das Wesentliche, die einzigartige innere Gestalt am besten sehen.

Das Märchen zeichnet dies in der Gestalt von Schneewittchen. Und es zeigt uns, dass dieser innere Kern, dass Schneewittchen nicht zu töten ist. Man kann Gott oder das Selbst nicht töten, weder in sich selbst noch in anderen oder wo auch immer. Man kann das Heilige in sich nur unbeachtet liegen lassen. Man scheitert, wenn man gewaltsam dagegen vorgeht, so wie zum Schluss die rachsüchtige Königin gescheitert ist und an ihrer Uneinsichtigkeit verbrennt. So vielschichtig und stellenweise auch widersprüchlich dieses Märchen sich vor uns ausbreitet, so vielschichtig und widersprüchlich ist auch der Individuationsweg. Es geht im Grunde darum, die Widersprüchlichkeiten, das Unverständliche im Leben zu integrieren, selbst wenn vieles nicht eindeutig, nicht logisch, nicht widerspruchsfrei ist. »Gottes Wege sind unerforschlich«, heißt es. Nur eine Theorie ist widerspruchsfrei oder eine Ideologie. Doch eine Ideologie ist nie die Wahrheit, im Gegenteil, in der psychoanalytischen Theorie wird sie als Abwehrmechanismus gehandelt, sie wehrt das Eigentliche, um das es geht ab, hängt sich an die Widersprüche, die Paradoxien, die das Leben durchziehen, und erklärt diese als unglaubwürdig. Weil sie Angst hat vor der Wahrheit, vor den verschlungenen Wegen, welche wir auf unserem Individuationsweg zu gehen haben.

Soweit also unser kleiner Ausflug zum Individuationsprozess. Es gäbe natürlich noch viel mehr darüber zu schreiben, doch das würde den Rahmen dieses Buches und dieses Märchen sprengen. Wenden wir uns jetzt wieder dem Spiegel, dem wichtigen Instrument für diesen Weg zu.

Wer das Märchen aufmerksam gelesen und auch mitgezählt hat, dem ist aufgefallen, dass die Königin den schlauen Spiegel siebenmal befragt. Es empfiehlt sich immer, die jeweiligen Inhalte der Märchen zu zählen, denn zum Er-zählen gehört das Zählen, vor allem wenn es um archetypisches Material geht. Den Zahlen kommt eine genauso hohe Bedeutung zu wie den Buchstaben. So steht zum Beispiel im Hebräischen hinter jedem Buchstaben eine bestimmte Zahl. Die Zahl Sieben spielt also eine ganz wesentliche Rolle in diesem Märchen. Von daher ist es ganz interessant, noch etwas aus dem »Geheimen Wissen der Frauen« zu zitieren[4]:

»Die Kabbalisten* behaupteten, sie würden den Willen der sieben planetarischen Geister in sieben Spiegeln lesen; jeder dieser Spiegel war aus dem Metall für einen bestimmten Wochentag gemacht und entsprach der jeweiligen Gottheit und dem ihr unterworfenen Themenbereich. Fragen über das auserwählte Volk wurden an einem Sonn-Tag an einen goldenen Spiegel gerichtet. Der Montag (Mond-Tag) war mit einem Spiegel aus Silber für Träume und mystische Erleuchtung zuständig. Dienstags konnten mit einem Mars-Spiegel aus Eisen Feindschaften und Prozesse geregelt werden. Wegen Geldangelegenheiten wurde am Mittwoch ein Merkurspiegel aus Quecksilber in Glas konsultiert. Am Donnerstag konnte ein Jupiterspiegel aus Zinn über weltliche Erfolge befragt werden. Die Klärung von Liebesfragen geschah freitags mit einem Venusspiegel aus Kupfer. Und mit einem Saturnspiegel aus Blei konnten am Sonnabend verlorene Gegenstände und Geheimnisse wiedergefunden werden.«

* Hierbei handelt es sich um die mystische Tradition des Judentums.

Man kann dieses Spiegelbefragen als »magisches Denken« abtun, für Unsinn erklären. Wir können darin jedoch auch einen Hinweis auf Bewusstseinsräume sehen, die uns bisher verborgen geblieben sind. Gerade weil wir meinen, mit unserem rationalen Denken so schlau zu sein.

Es geht beim Blick in den symbolischen Spiegel also darum, das bisher Unbekannte, das noch nicht Bewusste, zu dem vor allem die so genannte »Schattenseite« gehört, zu entdecken. Wobei »Schatten« in der Jungschen Psychologie nicht unbedingt nur das Schlechte, Böse meint, sondern alles, was nicht vom Licht des Bewusstseins erhellt ist. Dazu gehören eben auch oft die noch nicht entdeckten Begabungen, die zu Fähigkeiten entwickelt werden wollen. Zur Individuation sind also alle nicht gelebten, unentwickelten Facetten der Persönlichkeit in den Blick zu nehmen. Aus dem unschuldigen, weißen Kind wird dann die strahlende, neue Königin. Doch so weit sind wir noch nicht. Schauen wir uns zu diesem Thema der Vollständigkeit halber noch den Mythos an, der sehr anschaulich erzählt, worum es hauptsächlich in einer Psychotherapie geht, die ja zur Ganzwerdung verhelfen will.

Es ist die Geschichte der Gorgone Medusa. Gorgo heißt die Schutzmaske, welche in alter Zeit die weibliche Weisheit symbolisierte. Es handelt sich wiederum um drei göttliche Frauen, nämlich um Weisheit, Stärke und Vielseitigkeit. Sie tragen als Maske ein schreckliches Antlitz mit langen, vorstehenden Zähnen, einer herausgestreckten Zunge und Schlangen statt Haaren auf dem Kopf. Ihre Aufgabe ist es, die Geheimnisse der Mysterienkulte vor Nichtberechtigten in die Einweihung zu schützen.

Eine dieser Gorgonen nun ist Medusa, sie wurde auch bezeichnet als »Mutter aller Götter, die sie gebar, noch bevor es eine Niederkunft gab«. Sie ist Vergangenheit, Gegenwart und Zukunft in einem, und es heißt von ihr: »Alles, was war, was ist und was sein wird.«

Da jedoch der Mensch sich aufgemacht hat, Bewusstsein zu erlangen – darum geht es ja in jeder Psychotherapie –, muss er/sie zwangsläufig hinter die Geheimnisse schauen, das Verborgene ergründen, die Zusammenhänge aufspüren, die das Leben mit dem Tod verbinden. Von daher ist er/sie genötigt, Medusa ins Gesicht zu blicken. Um aber durch diesen direkten Anblick nicht vor Schreck zu erstarren, greift er/sie zu einem Trick, nämlich zum Spiegel. So hat der Held Perseus die Medusa überlistet: Er schaute sie nicht direkt an, sondern betrachtete ihr Gesicht in einem Spiegel und schlug ihr kurzerhand den Kopf ab. Schlau wie er war, ließ er aber diesen Kopf nicht irgendwo liegen, sondern steckte ihn in eine eigens dafür mitgebrachte Tasche. Nun war er im Besitz dieses Schreckenskopfes und konnte damit seine Feinde abwehren.

In unsere Sprache übersetzt heißt dies: Es kann gefährlich sein, sich ungeschützt mit den eigenen schreckensvollen Anteilen zu konfrontieren oder sich gar mit ihnen zu identifizieren, also als Ungeheuer aufzutreten. Leider passiert dies immer mal wieder. Es ist von daher gut, die Widerstände, die natürlicherweise den Anblick des Schrecklichen versperren, nicht gewaltsam aufzubrechen, sondern sie nach und nach im Spiegel des Gegenübers zu entdecken, um sie so auch nach und nach integrieren zu können. Dann trägt man sie bewusst in seiner Zaubertasche mit sich herum, wie Perseus das Medusenhaupt.

Wir werden im weiteren Verlauf des Märchens noch sehen, wie die entsprechenden Integrationen bei Schneewittchen aussehen. Grundsätzlich nämlich dienen die drei Aufgaben in diesem wie in anderen Märchen dazu, das anzunehmen, was es eben jeweils anzunehmen und zu integrieren gilt. Und das gelingt selten schon beim erstenmal.

Medea

Da erschrak sie, denn sie wusste, dass der Spiegel keine Unwahrheit sprach, und merkte, dass der Jäger sie betrogen hatte und Schneewittchen noch am Leben war. Und da sann und sann sie aufs neue, wie sie es umbringen wollte; denn solange sie nicht die Schönste war im ganzen Land, ließ ihr der Neid keine Ruhe.

Nun kommen wir von Medusa natürlicherweise zu Medea, denn beiden gemeinsam ist, wie wir schon geschrieben haben, das Wort »medha«, »metis«, »met«, was jeweils auf die weibliche Weisheit hinweist, insbesondere auf deren Aspekt des Heilens, auf die Medizin.

Hier jedoch betreten wir ein schwieriges Terrain, denn im Märchen heißt es, dass die Stiefmutter eifersüchtig auf das schöne Schneewittchen war und es töten wollte. Nun sind Märchen zwar märchenhaft, aber nicht dumm. Wir haben es weiter oben schon erwähnt: Wollte die neue Königin ihre Stieftochter wirklich umbringen, hätte sie dies klüger anstellen können. Obwohl sie der Hexerei kundig war, tat sie dies nicht. Und das muss doch einen Grund haben.

Wenn wir nun aber die stiefmütterliche Königin als Schicksalsfrau deuten, die eigentlich Schneewittchens Individuation im Sinn hat, dann könnte es so aussehen, als würden wir das Böse leugnen. Das wollen wir aber keineswegs. Wir alle wissen, dass sich das Böse nicht leugnen lässt, dass es uns vielmehr täglich in die Augen springt, wenn wir die Tageszeitung lesen oder Nachrichten im Fernsehen anschauen. Das Böse gibt es, es ist allgegenwärtig. Und wir tun uns schwer mit dem Gedanken, dass es einen Sinn haben, dass es zu etwas nütze sein soll. Insofern ist auch in diesem Märchen die böse Königin mit der Heilbringerin, die Schneewittchen dazu verhilft, ihren eigenen Weg zu gehen, im Grunde nicht zur Deckung zu bringen. Oder wir gehen davon aus, dass auch das Böse gelegentlich Gutes bewirkt. Vielleicht müssen wir uns aber damit abfinden, dass wir mit unserem doch noch recht begrenzten menschlichen Verstand das Geheimnis des Bösen nicht zu lüften vermögen, dass uns die tiefere Bedeutung der Existenz des Bösen noch verborgen bleibt.

Doch einen anderen Aspekt des bösen Weiblichen können wir uns anschauen und bewusst machen: In der Zeit, in der die matrizentrische Kultur in eine patriarchale umgewandelt wurde, ist etwas ganz Ungeheuerliches passiert. Nicht nur hat der Mann zu herrschen begonnen – das alleine wäre nicht so katastrophal gewesen –, sondern er hat, um seinen Herrschaftsanspruch zu legitimieren und zu festigen, die Welt in überaus strenger Weise in Gut und Böse unterteilt. Es mag bis dahin gute Frauen und gute Männer sowie böse Frauen und böse Männer gegeben haben, doch von da an gab es nur noch gute Männer und böse Frauen. Die Frauen standen plötzlich auf der Minusseite des Lebens, sie wurden als dumm, minderwertig, niederträchtig, gefährlich, böse und schlecht bezeichnet, dem Teufel zugeordnet, verachtet, gefürchtet und gedemütigt. So zitiert Christa Wolf in ihrem Buch »Medea« den Dichter Euripides, der den gewalttätigen König Kreon sagen lässt: »Und sind Frauen auch nicht zum Guten geschickt, sind sie doch Meisterinnen des Bösen.«[5]

Diese Tendenz besteht leider noch heute, wenn auch nicht so offen. Und sie besteht weitaus nicht bei allen oder so vielen Männern, wie noch vor einigen hundert Jahren. Das Bewusstsein ist doch schon viel weiter geworden, so dass intelligente und sensible Männer durchaus den Wert der Frau anerkennen, vor allem in den westlichen kultivierten Ländern, denen man sonst jedoch auch allerhand Schuld an der Zerstörung unseres wunderschönen Planeten vorwirft.

Aber nun zu Medea. Sie symbolisiert in besonderer Weise die Umdeutung der weiblichen Werte, die sicherlich mit schuld daran ist, dass es schlimmer und gefährlicher auf der Welt zugeht als je zuvor, dass die Erde überbevölkert ist und fühlende Wesen – nicht nur Tiere, sondern auch Kinder, Frauen und Minderheiten – misshandelt und gequält werden.

Wir setzen Medea hier zunächst gleich mit der »bösen«, eifersüchtigen Königin, die das unschuldige Mädchen mit ihrem Hass verfolgt. Ihre mythische Vorgängerin, beschrieben von männlichen Dichtern der Antike, ermordete – nach Darstellung dieser männlichen Dichter! – ihre Nebenbuhlerin Glauke, weil Medeas Ehemann Jason diese heiraten wollte. Und hier wurde ein Keim gelegt, der ungeheuer schädliche Auswirkungen bis in unsere heutige Zeit hinein zeigt, nämlich die erbitterte Feindschaft zwischen Frauen. Selbst zwischen Mütter und Töchter wurde die Saat der Zwietracht gesät, so dass es heute fast schon zum »guten Ton« gehört, dass Mütter eifersüchtig auf ihre Töchter sein müssen und Töchter ihre Mütter verachten. Diese Feindschaft ist nicht natürlich, sie wird geschürt durch den, der zwischen die beiden tritt, den Mann. Um ihm zu gefallen, finden Töchter ihre Mütter hässlich und dumm, um ihn nicht zu »verlieren«, setzen Mütter ihre Liebe zur Tochter aufs Spiel.

Für wen will denn die neue Königin im Märchen die Schönste sein? Wieso freut sie sich nicht, dass das Weibliche, in welcher Gestalt auch immer es auftritt, einfach schön ist? Wir glauben, dass Märchen von weiblicher Rivalität erzählen müssen, um die Lüge der Feindschaft zu festigen, wie sie in unserem Schöpfungsbericht zwischen Eva und der Schlange, dem großen Symbol der Weiblichkeit, schon festgelegt wurde.

Medea war nicht nur eine schöne Frau, sondern auch eine Königstochter und eine Zauberin. Sie verfügte über ein großes Wissen, sie kannte die Geheimnisse der Natur und deren Gesetze. Sie war eine kundige Kräuterfrau, eben eine Heilende. Und sie half Jason, ihrem späteren Mann, das wertvolle, weil mächtige, goldene Vlies zu gewinnen. Es handelt sich hierbei um ein Widderfell, dessen Besitz Jason zum König machte. Nun war der Widder in früheren Zeiten ein wichtiges Symbol. Er verkörperte den phallischen Gott, den Geliebten der Großen Göttin. Das heißt, Jason wurde durch Medeas Hilfe nicht nur König, sondern Gottkönig. Und wenn sie die Personifikation der Großen Göttin war, dann wurde aus ihnen beiden das neue Götterpaar. Medea erhob Jason also in den göttlichen Stand und sie wollte mit ihm ein Reich von Kraft und Schönheit aufbauen.

Doch Jason, der Dummkopf, war auf bürgerliche Ehren aus, wollte Medea verlassen und die Tochter des grausamen Königs Kreon heiraten. Da soll – den antiken Dichtern zufolge – Medea ihre Rivalin Glauke mit einem weißen, verzauberten Hochzeitsgewand verbrannt (in diesem Märchen muss die Zauberin sich in glühenden Schuhen zu Tode tanzen) und ihre eigenen, mit Jason gezeugten Kinder getötet haben. Sie wurde also als Bild für tödliche Eifersucht und Rache genommen. Denn – wiederum ein Zitat, das Christa Wolf in ihrem Buch »Medea« bringt: »Die Männer, die vom Geheimnis ausgeschlossen sind, Leben hervorzubringen, finden im Tod einen Ort, der, da er das Leben nimmt, als mächtiger angesehen wird als dieses selbst.«[6]

Dass Medea Jasons Verrat nicht gleichgültig oder gar freudig hingenommen hat, ist wohl verständlich, schließlich zerstörte er eine großartige Vision, die sie als ihr Lebenswerk verwirklichen wollte. Doch so mordlustig, wie sie geschildert wird, war sie höchstwahrscheinlich nicht. Und wenn, dann hätte sie Jason umgebracht, aber nicht die unschuldige Glauke, die von ihrem Vater an Jason verkuppelt wurde, und nicht ihre eigenen Kinder, die sie wohl geliebt hat.

Jede Frau ist enttäuscht, wütend und auch rachsüchtig, wenn der Mann die Vision verrät, die zu ihrer Beziehung geführt oder ihre Beziehung zu Beginn genährt hat. Wenn einer in einer Partnerschaft – es kann genauso gut umgekehrt der Fall sein – den gemeinsamen Lebensplan zunichte macht, ist dies natürlich eine besonders schwere Enttäuschung und Kränkung. Und natürlich gibt es auch Mord und Totschlag in Beziehungen – so naiv sind wir nicht, dass wir dies ausblenden, man kann es ja häufig in den Zeitungen lesen. Worum es uns hier geht, ist die Umdeutung der weisen in eine böse Frau.

Hierzu noch ein drittes Zitat aus Christa Wolfs »Medea«: »Sobald die Weiber uns gleichgestellt sind, sind sie uns überlegen.«[7]

Dies ist natürlich das Problem aller Hexen und Zauberinnen, die in vielen Märchen vorkommen. Ursprünglich handelte es sich bei ihnen auch um kundige, kluge, weise Frauen, die noch Kenntnis hatten von den Geheimnissen der Natur, von Kräutern und Heilpflanzen. Das Wort »Hexe« leitet sich ab von »hagazussa«, und das bedeutet »die auf dem Zaun (Hag) Sitzende«. Das heißt, es waren Frauen, die etwas von Leben und Tod verstanden, die auf ihrem Zaun sitzend Einblick hatten in das »Hüben und Drüben«. Dass sie alle in unseren Märchen schlecht wegkommen, liegt an der männlichen Umdeutung, an der Angst des Mannes vor dem Wissen und der Klugheit der Frau. Doch auch er könnte von diesem Wissen profitieren, wenn er es zuließe. Sicher läge darin eine wichtige und wertvolle Aufgabe für die künftigen jungen Herrscherpaare, für das zu neuem Leben erwachte Schneewittchen mit dem jungen Königssohn. Doch dazu muss es zuerst noch den ihm bestimmten Initiationsweg gehen.

Wir haben Medea in dieses Märchen mit hineingenommen, um das Bewusstsein für die Widersprüchlichkeit, die wir in den Märchen finden, zu schärfen. Denn im Grunde ist es ja unverständlich, dass die Mordanschläge der neidischen Königin für Schneewittchen wichtige Stufen auf ihrem Initiationsweg sein sollen. Oberflächlich betrachtet könnte man das dreimalige Auftauchen der Hexe als reine Naivität Schneewittchens deuten. Die Zwerge sagen ihr doch jedes Mal, dass sie niemanden hereinlassen soll, und sie schlägt diese Warnungen einfach in den Wind. Die bunten Bänder, den Kamm und den schönen Apfel könnten wir einfach als verlockende weibliche Schönheitsanreize beschreiben, denen Schneewittchen nicht widerstehen konnte. Vielleicht ist es ja so einfach und es steckt wirklich nichts Geheimnisvolles hinter diesen Bildern. Dennoch – gerade die Verlockungen, denen wir öfter im Leben erliegen, als uns lieb ist, können, wenn man sie näher betrachtet, meistens auch viel über die innere Motivation unserer Handlungen aussagen. Und die liegen bei Schneewittchen im weiblichen Bereich, wie wir sie – ein wenig mehr hintergründig – sehen.

Die kosmische Schlange

Und als sie sich endlich etwas ausgedacht hatte, färbte sie sich das Gesicht und kleidete sich wie eine alte Krämerin und war ganz unkenntlich. In dieser Gestalt ging sie über die sieben Berge zu den sieben Zwergen, klopfte an die Türe und rief: »*Schöne Ware feil! feil!*« *Schneewittchen guckte zum Fenster heraus und rief:* »*Guten Tag, liebe Frau, was habt Ihr zu verkaufen?*« – »*Gute Ware, schöne Ware*«*, antwortete sie,* »*Schnürriemen von allen Farben*«*, und holte einen hervor, der aus bunter Seide geflochten war.* »*Die ehrliche Frau kann ich hereinlassen*«*, dachte Schneewittchen, riegelte die Tür auf und kaufte sich den hübschen Schnürriemen.* »*Kind*«*, sprach die Alte,* »*wie du aussiehst! Komm, ich will dich einmal ordentlich schnüren.*« *Schneewittchen hatte kein Arg, stellte sich vor sie und ließ sich mit dem neuen Schnürriemen schnüren: aber die Alte schnürte geschwind und schnürte so fest, dass dem Schneewittchen der Atem verging und es für tot hinfiel.* »*Nun bist du die Schönste gewesen*«*, sprach sie und eilte hinaus.*

Wie schon erwähnt, es ist absurd, ein Mädchen mit einem Mieder zu töten. Deshalb tun wir sicher gut daran, wenn wir das Schnüren der Bänder als ein Symbol betrachten. Welches Geheimnis wollten uns die Märchenerzählerinnen wohl mit diesem Bild vermitteln?

Die Bänder des Mieders erinnern uns natürlich zuerst an das Band der Schicksalsfrauen, das sie für einen Menschen weben, zumessen und am Ende seines Lebens abschneiden.

Wir können beim Schnüren des Miederbandes auch an »Beziehung« denken, denn es wird ja gezogen. Und manchmal kann so ein Beziehungsband auch zu eng geschnürt sein, so dass der oder die Betreffende beinahe keine Luft mehr bekommt und die Beziehung zu sterben droht. Diese Assoziationen sind sicher stimmig und lassen sich auch gut in das Märchen einbauen. Doch wir wollen noch einen Schritt weitergehen und fragen, ob es hinter dem Vordergründigen noch etwas zu entdecken gibt.

Ja, da gibt es noch etwas. Wenn wir nämlich genau hinschauen, dann sehen wir, dass ein Mieder ja kreuzweise geschnürt, ähnlich wie auch ein Zopf geflochten wird. Ein Band windet sich praktisch in Spiralform von oben nach unten und das andere Band ebenso, es verschlingt sich mit ihm. Dies ist genau das Bild der Doppelhelix, Träger unseres genetischen Codes. In jedem Menschen bestimmt dieser genetische Code, die DNS, über sein Schicksal, denn in ihm ist die ganze Information enthalten, die dieser Mensch braucht, um sich zu dem zu entwickeln, was in ihm angelegt ist.

»Die kosmische Schlange« heißt ein Buch von Jeremy Narby[8], einem kanadischen Anthropologen. Er entdeckte zu seinem großen Erstaunen bei südamerikanischen Schamanen, dass sie seit uralten Zeiten über das Wissen des genetischen Codes verfügen, den sie in zwei ineinander verschlungenen Schlangen sehen. Seit jeher gilt die Schlange ja als Symbol des Weiblichen. Auch wegen ihrer häufigen Häutungen, die mit der Menstruation der Frau verglichen wurden. Zwei Schlangen wären das doppelte Weibliche. Und dies entspricht dem genetischen Code. Das ursprüngliche Leben ist also ganz eindeutig, weil doppelt, weiblich.

Und in der Tat besteht der Chromosomensatz der Frau aus zwei xx-Chromosomen. Auch hier begegnen uns zwei gekreuzte Linien, was sicher kein Zufall ist. Der Chromosomensatz des Mannes dagegen besteht aus xy. Das heißt, die eine Hälfte des Mannes ist weiblich, während die Frau keine männliche Hälfte in sich trägt. (Insofern müsste man unserer Ansicht nach noch einmal die Anima-Animus-Theorie, wie sie in der Jungschen Psychologie verstanden wird, überdenken. Kann eine Frau auch einen Animus, einen männlichen Anteil in sich tragen, wenn sie doch aus zwei rein weiblichen Chromosomen besteht? Doch dies nur am Rande.)

Nach der Befruchtung des weiblichen Eies reifen auch zunächst zwei xx-Chromosomen heran. Erst später bildet sich eines zu einem y-Chromosom um. Was, wie Forscher jetzt herausgefunden haben, unter heftigen Kämpfen vonstatten geht. Das männliche y muss sich sehr anstrengen, um sich zu behaupten, seine Existenz also schon auf dieser frühen uterinen Ebene schwer erkämpfen. Von daher mag es auch kein Wunder sein, dass Männer Frauen oft als feindlich betrachten, weil diese Feindschaft ihrer Existenz ja zu Grunde liegt, sie tragen den Impuls in sich, das mächtige Weibliche zu unterdrücken, wahrscheinlich aus Angst, es könnte ihr Dasein doch noch zum Erliegen bringen. Was mit ein Grund für die Bildung des Patriarchats sein kann.

Außerdem erlebt jeder kleine Junge eine Mutter, die so mächtig ist, über sein Leben zu entscheiden. Schon im Mutterleib bestimmt sie, ob sie ihn austrägt oder abtreibt, und nach seiner Geburt, ob sie ihn annimmt, pflegt und nährt oder schnöde liegen und verhungern lässt. Diese Macht der Frau vergisst der Mann in seinem Unbewussten ein Leben lang nicht. Er muss sich entscheiden, ob er sich dieser Macht unterwirft, oder ob er seinerseits versucht, der noch Mächtigere zu werden.

Auch die Tochter erlebt natürlich die Mutter zunächst als groß und mächtig, doch sie kann sich später eher mit ihr auseinandersetzen – was vielleicht auch eine Erklärung der Kämpfe zwischen Müttern und Töchtern sein kann –, doch sie kann sich letztendlich mit der Mutter identifizieren, an ihrer Macht teilhaben. Für sie stellt sich daher die Machtfrage nicht so elementar. Der Junge hingegen, der seiner Mutter ausgeliefert ist, muss mit seinem Anderssein zurechtkommen. Von daher ist es kein Wunder, dass es in so vielen Bereichen, in privaten, beruflichen und öffentlichen, zu Machtkämpfen zwischen Männern und Frauen kommt.

Und noch etwas ist in diesem Zusammenhang sicher bedenkenswert: Die zwei xx-Chromosomen zeichnen sich durch eine größere Geschmeidigkeit aus als das ungleiche Paar xy. Deshalb kann sich ein xx-Mensch in der Regel besser anpassen, ist flexibler, flinker, eleganter, mit einer feineren Sensorik ausgestattet als ein xy-Mensch, der mit seinem nach unten hängenden »Schwänzchen« eher hier und dort mal hängen bleibt. Andererseits kann das xx für sich allein auch ein bisschen langweilig sein, neigt vielleicht zu einer gewissen Starre, und es tut ihm gut, wenn etwas anderes hinzu kommt, nämlich das y. Das lockert es auf, bringt Lebendigkeit in das Ganze. Und so ist es ja auch im späteren Leben. Das andere Geschlecht ist deswegen so interessant und faszinierend, weil es eben das Andere ist, das Unbekannte. Es bringt Spannung ins Dasein. Diese Spannung aufrechtzuerhalten, ohne sie in die Spannung eines Kriegszustands eskalieren zu lassen, ist wohl eine Aufgabe, die es von den meisten Paaren noch zu erlernen gilt.

Jeremy Narby ist bei seinen Studien auf die Tatsache gestoßen, dass man nicht weiß, wann und wie die DNS, die »kosmische Schlange«, in dieser Welt entstanden ist. Sie scheint älter zu sein als alles, denn sie ist in allen Lebewesen vorhanden, sie muss also schon vor den ersten lebendigen Spuren da gewesen sein. So würde es also stimmen, was von der Gorgone Medusa gesagt wird:

»Mutter aller Götter, die sie gebar, noch bevor es eine Niederkunft gab.« Sie ist Vergangenheit, Gegenwart und Zukunft in einem und es heißt von ihr: »Alles, was war, was ist und was sein wird.«

Hiermit wäre also die »kosmische Schlange« gemeint, die Doppelschlange oder Doppelhelix, und dies wäre auch die Erklärung dafür, dass Medusa Schlangen statt Haare auf ihrem Kopf trägt. Wer aber um ihr Geheimnis weiß, wird mächtig. Das erleben wir gerade aktuell in der mit heftigen Emotionen geführten Gen-Debatte. Die DNS ist zum Teil entschlüsselt – Perseus hat Medusa das Haupt abgeschlagen – und wer über dieses Wissen verfügt, kann sein wie Gott. So hat es auch die Schlange im Paradies der Eva versprochen: »Wenn du vom Baum der Erkenntnis isst, wirst du sein wie Gott.« Eva hat dies getan, furchtlos, denn sie trug ja sowieso den xx-Chromosomensatz in sich, aus dem jederzeit neues Leben hervorgehen kann, nur dummerweise hat sie auch Adam an dem Apfel beißen lassen und damit ging das Gerangel los.

Die Lektion, die Schneewittchen mit dem Schnüren des Mieders lernen soll, könnte also auf dem Wissen der mächtigen kosmischen Schlange beruhen. Dies mag ihr eine besondere Verantwortung für dieses Leben, das allmonatlich in ihr heranreift, auferlegen. Verantwortung kann jedoch nur jemand übernehmen, der/die das Bewusstsein über das zu Verantwortende gewonnen hat. Demnach geht es bei dem Einweihungsweg eigentlich um den Weg zu höherem Bewusstsein.

Dreimal wird Schneewittchen Gelegenheit haben, ihr Bewusstsein zu weiten und zu schärfen. Noch aber kann sie mit keinen großen Leistungen diesbezüglich aufwarten. Sie fällt wie tot hin, also in Ohnmacht bzw. zurück in die Unbewusstheit. So bleibt der Schicksalsfrau nichts Weiteres übrig, als ein zweites Mal zu erscheinen.

Nicht lange darauf, zur Abendzeit, kamen die sieben Zwerge nach Haus, aber wie erschraken sie, als sie ihr liebes Schneewittchen auf der Erde liegen sahen; und es regte und bewegte sich nicht, als wäre es tot. Sie hoben es in die Höhe, und weil sie sahen, dass es zu fest geschnürt war, schnitten sie den Schnürriemen entzwei: da fing es an ein wenig zu atmen, und ward nach und nach wieder lebendig. Als die Zwerge hörten, was geschehen war, sprachen sie: »Die alte Krämerfrau war niemand als die gottlose Königin: Hüte dich und lass keinen Menschen herein, wenn wir nicht bei dir sind.«

Das verletzte Gefühl

Das böse Weib aber, als es nach Haus gekommen war, ging vor den Spiegel und fragte:
  »Spieglein, Spieglein an der Wand,
  wer ist die Schönste im ganzen Land?«
Da antwortete er wie sonst:
  »Frau Königin, Ihr seid die Schönste hier,
  aber Schneewittchen über den Bergen
  bei den sieben Zwergen
  ist noch tausendmal schöner als Ihr.«
Als sie das hörte, lief ihr alles Blut zum Herzen, so erschrak sie, denn sie sah wohl, dass Schneewittchen wieder lebendig geworden war. »Nun aber«, sprach sie, »will ich etwas aussinnen, das dich zugrunde richten soll«, und mit Hexenkünsten, die sie verstand, machte sie einen giftigen Kamm.

Kehren wir noch einmal zurück zu Medea, der Zauberin, denn sie gehört auch für Männer zu den faszinierenden Frauengestalten. Sie ist einerseits die Frau, die alles für ihren Partner tut, sich ihm ganz hingibt mit all ihren Begabungen und Fähigkeiten – und das sind nicht wenige. Damit erfüllt sie eigentlich schon im Voraus alle nur denkbaren Wünsche, denn er wünscht sich in seinem Herzen eine Frau, die einfach da ist mit allem, was sie hat, kann und ist.

Das kennt wohl jeder Mann, der schon einige Lebenserfahrung gemacht, sich in Liebesbeziehungen hineingegeben hat, die immer wieder so hoffnungsvoll beginnen. Sicher lassen sich junge und auch ältere Männer ehrlich in solche Beziehungen ein, doch haben wir den Eindruck, dass es für Frauen viel selbstverständlicher und auch natürlicher ist, sich ganz auf eine Liebesbeziehung einzustellen und sich dieser hinzugeben. Krankengeschichten von Frauen handeln meistens von Beziehungsproblemen, von abgebrochenen Beziehungen, die trotz großen persönlichen Einsatzes nicht mehr zu halten waren, auch um der Kinder willen nicht. Angstzustände, Panikattacken, Depressionen und vielerlei körperliche Beschwerden resultieren aus solchen Enttäuschungen und führen diese Frauen in eine psychotherapeutische Behandlung.

Marie-Louise von Franz, eine enge Mitarbeiterin von C. G. Jung, sprach in solchen Fällen vom »Medea-Komplex« und definierte ihn als »verletztes Gefühl«, mit dem Kommentar, dass es wohl nichts Schlimmeres und deshalb auch Gefährlicheres gäbe als eben dieses verletzte Gefühl.

Will man die eben geschilderten Schwierigkeiten auf einen Nenner bringen, so handelt es sich wohl immer um verletzte Gefühle. In Partnerschaften ist es offensichtlich, dass gerade liebende Frauen zu Recht enttäuscht und auch verletzt sind, wenn ihre Partner und Ehemänner kein Auge, geschweige denn ein liebes Wort für die vielen, liebevoll arrangierten Kleinigkeiten im Alltag übrig haben. Schon beim Frühstück, wenn es denn überhaupt in Ruhe eingenommen wird, ist die Tageszeitung oft wichtiger als ein Guten-Morgen-Kuss, werden die Blumen auf dem Tisch übersehen, usw. Diese scheinbar kleinen Lieblosigkeiten summieren sich im Laufe der Zeit und hinterlassen in der Seele Enttäuschungsspuren, denen bald Krankheitswert zukommt.

Aber es ist nicht so, dass nur die entsprechenden Frauen leiden würden. Uns kommt es hier gerade darauf an, die Seele der Männer zu betrachten, die nicht gelernt haben, aufmerksam zu sein für die kleinen Dinge des Alltags. Denn was im Außen in den vielen Nichtbeachtungen in seinen Beziehungen geschieht, das vollzieht sich gleichermaßen in seiner Seele. Was er seiner Partnerin oder seinen Kindern antut und vorenthält, tut er sich selbst an, er verletzt sein Gefühl und damit seine Seele. Das Fatale und Traurige daran ist, dass er es meist nicht merkt, es wird ihm nicht bewusst. In diesem Sinne schaut er nicht in den Spiegel und gibt sich damit keine Chance, dies zu erkennen. So wird auch sein verletztes Gefühl gefährlich und destruktiv. Das äußert sich oft in jahrelangem Unmut, immer wiederkehrender schlechter Laune und Gereiztheit, die meistens mit der beruflichen Situation in Verbindung gebracht wird. Zweifellos werden auch im Arbeitsleben Gefühle ständig verletzt. Mann entwickelt ein »dickes Fell«, doch dieses eben auch nach innen in der Beziehung zu sich selbst.

Wenn man in Krankengeschichten von Männern hineinschaut, so steht viel über nicht zugelassene, nicht erlebte Gefühle darin. Die Verbindung zu den verschiedenen Krankheitssymptomen seelischer und körperlicher Art ist klar und zwangsläufig. Die verletzten Gefühle zeigen ihre Wirkungen, Medeas Geduld ist erschöpft, ihre Rache verletzend und zerstörerisch. Das kann zum Tode führen, als Folge der Missachtung starker Gefühle und Affekte. Denn es handelt sich hierbei um intensive Energiepotenziale, mit denen der Körper nicht mehr fertig wird.

Was ist zu tun, um Medea zu besänftigen, versöhnlich zu stimmen? Es geht um eine neue Kultur des Gefühls, des Fühlens, des Mitfühlens, des Friedens mit sich selbst. Männer sind oft aus so vielen Gründen im Konflikt mit sich selbst, unzufrieden, dass sie bestimmte Ziele oder Ideale nicht erreicht haben. Gerade Gespräche mit denen, die sie lieben und von denen sie sich – noch – geliebt wissen, sind ein guter, lernbarer und begehbarer Weg. Paare, besonders wenn sie Kinder haben, klagen darüber, dass sie keine Zeit füreinander und für wirkliche Gespräche finden. Oder weichen sie den doch auch immer vorhandenen Gelegenheiten konsequent aus? Wenn Medeas Angebot, *miteinander* zu

»regieren«, *beieinander* auf dem »Thron« zu sitzen, missachtet wird, nimmt das Schicksal seinen Lauf und die entsprechende Energie wird destruktiv.

Noch ein anderer Aspekt soll hier erwähnt werden. In den Krankengeschichten von Männern und Frauen ist oft von Müttern die Rede, die sich sehr distanziert, kühl, abweisend, hart, streng und unpersönlich zeigten oder sich fast willenlos dem autoritären Ehemann, der oft alkoholisiert war, unterworfen und ihm auch die Kinder ausgeliefert haben. Sie konnten ihren Kindern keinen Halt und keinen Trost, besonders aber ihren Töchtern kein Vorbild für eine weibliche Entwicklung sein. Die Kinder wurden von der Mutter allein gelassen. Wir sprechen dann von einem »negativen Mutterkomplex«, einer Mutterfigur, die überwiegend negativ, ja bedrohlich erlebt wurde. Damit jedoch ist auch die Beziehung zum eigenen inneren Grund bei Frauen und Männern gestört, solche Menschen können sich nicht vertrauensvoll auf sich verlassen, es gibt keine innere Basis für ein gesundes Selbstvertrauen. So sind sie oft später im Leben allein gelassen und eigentlich einsam, was in der Regel auch durch einen Partner nicht so ohne Weiteres ausgeglichen werden kann. Die innere Mutter wird zur bösen Königin. »Königin« passt auch hier gut, weil der Mutterkomplex eine ganz zentrale und bestimmende Stelle im Leben einnimmt.

Natürlich haben solche Mütter selbst eine lange Leidensgeschichte, die sie zu diesen verbitterten Frauen werden ließen. Wir wissen nichts über die Ehe der neuen Königin hier im Märchen, die vielleicht auch mit großen Hoffnungen in diese Verbindung gegangen ist – wie einst Medea – und die an der Seite des desinteressierten Königs, der von seinen Staatsgeschäften, seinen Jagdgesellschaften und seinen Mätressen ganz in Anspruch genommen war, missachtet wurde. So wurde sie von Jahr zu Jahr verbitterter und in der Folge eifersüchtig, fühlte sich von der schönen Tochter, die sie ja selbst nicht geboren hatte, bedroht. Denn es bestand durchaus die Gefahr –, wie es sie auch heute in vielen modernen Familien gibt, dass sich der Ehemann und Vater früher oder später dieser schönen jungen Tochter, die zur reizvollen Frau geworden ist, zuwenden, seine Frau mit ihr vergleichen, dieser ihre etwas auseinander gegangene Figur vorwerfen und auf ihre Falten aufmerksam machen wird. So ist sie wohl selbst ein Opfer ihrer Lebenssituation geworden und hat keinen Ausweg gefunden, sie wurde bitter, böse und hasserfüllt.

Für Männer und Frauen mit einem solchen negativen Mutterkomplex ist es besonders wichtig, sich mit ihren vernachlässigten und doch so lebenswichtigen Gefühlen zu befreunden. Das bedeutet: diese erst einmal kennen zu lernen, zuzulassen und ihnen einen gebührenden Platz im Leben zu ermöglichen. Liebeserlebnisse und Partnerschaften, auch Ehen können hier eine wesentliche Hilfe, eine gute Wegweisung und Wegbegleitung sein oder werden.

So hat die »böse« Königin mindestens zwei tiefe Bedeutungen: den Hinweis auf das große Symbol der Medea und den persönlichen Mutterkomplex, der immer einen archetypischen Kern hat.

Und dann ist es eben auch so, dass selbst schwierige Erfahrungen mit Menschen und, wie hier, Müttern wichtige Meilensteine in der persönlichen Entwicklung werden, auch wenn wir es zunächst nicht so sehen. Vielleicht hat wirklich jeder Mensch, vor allem unsere Eltern, in unserem Lebensweg einen wichtigen Platz und Sinn, wie wir an der Geschichte von Schneewittchen mit der bösen Königin sehen können, auch wenn es zunächst nicht so scheint. Gerade die besonders schwierigen Mitmenschen mögen das Böse wollen und doch das Gute schaffen.

Vergiftete Gedanken

Dann verkleidete sie sich und nahm die Gestalt eines andern alten Weibes an. So ging sie hin über die sieben Berge zu den sieben Zwergen, klopfte an die Türe und rief »Gute Ware feil! Feil!« Schneewittchen schaute heraus und sprach: »Geht nur weiter, ich darf niemand hereinlassen.« – »Das Ansehen wird dir doch erlaubt sein«, sprach die Alte, zog den giftigen Kamm heraus und hielt ihn in die Höhe.

Da gefiel er dem Kinde so gut, dass es sich betören ließ und die Türe öffnete. Als sie des Kaufs einig waren, sprach die Alte: »Nun will ich dich einmal ordentlich kämmen.« Das arme Schneewittchen dachte an nichts und ließ die Alte gewähren; aber kaum hatte sie den Kamm in die Haare gesteckt, als das Gift darin wirkte und das Mädchen ohne Besinnung niederfiel. »Du Ausbund von Schönheit«, sprach das boshafte Weib, »jetzt ist's um dich geschehen«, und ging fort.

Schönheit kann also wie ein Fluch sein. Schöne Menschen werden zwar bewundert und begehrt, aber auch beneidet. Für die meisten Frauen ist es jedoch wichtig, gut auszusehen und sie tun allerhand dafür. Wem wollen sie gefallen? In den meisten Fällen wohl dem Mann. Damit machen sie ihn aber zum Richter über sich – er soll sie schön finden, also muss er sie beurteilen. »Wer ist die Schönste?« Aber auch Männer sind eitel. Obwohl es ihnen meistens nicht so sehr auf Schönheit ankommt, sondern auf Kraft. Sie trainieren ihren Körper. Für wen? Wohl für die Frauen. Und jetzt sind sie es, die beurteilen.»Wer ist der Stärkste?« Es geht demnach jeweils um das andere Geschlecht. Solange solche Eitelkeiten beiderseits auf der spielerischen Ebene bleiben, sind sie ja auch etwas Wunderbares. Es ist beglückend für eine Frau, sich für den Mann schön zu machen, eine tolle Frisur zu tragen, sich gekonnt zu schminken und reizvoll zu kleiden. Und es stimuliert einen Mann, der Frau zu imponieren, einerseits mit einem feschen Äußeren, andererseits mit seiner Kraft, seiner Potenz. So spielen die beiden das ewig alte, ewig junge Spiel der erotischen Anziehung.

Aber es geht nicht immer nur um das andere Geschlecht, es gibt auch eine auf sich selbst bezogene Erotik. Sie ist sogar besonders wichtig, denn wer sich selbst nicht genügend liebt, nicht genügend attraktiv findet, kann eigentlich auch andere nicht wirklich lieben, sondern sucht im anderen lediglich die Bestätigung, die er/sie sich selbst verweigert. In allen psychotherapeutischen Behandlungen ist dies ein außerordentlich wichtiges Thema.

Das Bedürfnis nach Attraktivität kann und sollte also auch nach innen gehen, um das eigene »größere Selbst« hervorzurufen. Hier dient Schönheit dem Zielpunkt »innere Vollendung«. Insofern hat eine natürliche Eitelkeit durchaus ihre Berechtigung und ihren Wert. Vor allem, wenn es sich wie in diesem Märchen um ein »göttliches Kind«, um das Junge, das Neue, das Zukünftige handelt.

Ein besonderes Signal für Schönheit und erotische Ausstrahlung einer Frau sind ihre Haare. Und dafür braucht es einige Utensilien, z. B. den Kamm. Er ist aber auch ein Instrument der Schicksalsfrauen. Mit ihm kämmen sie das Garn, das sie dann zum Schicksalsfaden spinnen. Sie wirken also weiter in Schneewittchens Leben hinein, sie nehmen die Gestalt der Alten an und locken das Mädchen mit seiner unschuldigen, ganz natürlichen Eitelkeit. Doch was wollen sie ihm zeigen, indem sie den Kamm vergiften? Die Stiefmutter will Schneewittchen ja endlich los sein, damit sie allein die Schönste im ganzen Reich ist. Nur, wenn dies auch zu Schneewittchens Einweihungsweg in weibliches Wissen gehört, was heißt das dann?

Der Kamm kämmt die Haare, die auf dem Kopf wachsen, bei Mädchen häufig in dichter Fülle. Die Haare sind demnach das, was aus dem Kopf kommt. Genauso wie Gedanken und Phantasien, die im Kopf produziert werden. Nun ist es leicht, das Gift zu verstehen. So wie die Haare vergiftet sein können, ist es auch mit manchen Gedanken. Wer kennt nicht die quälenden Phantasien, die entstehen, wenn man über eine Sache nicht genau Bescheid weiß, sondern auf Vermutungen angewiesen ist? Da ruft der Ehemann über längere Zeit nicht zu Hause an, obwohl er es sonst recht zuverlässig tut. Und schon beginnt es im Kopf der daheim wartenden Frau zu rattern: »Was ist da bloß los? Warum ruft er nicht an? Es wird ihm doch nichts passiert sein? Aber nein, vielleicht sitzt er mit einem Kollegen zusammen und verschwätzt die Zeit. Aber doch nicht so lange! Sonst ruft er doch immer an, wenn es später wird.«

Soweit mögen die Gedanken noch real sein. Doch schnell stellen sich ganz andere Phantasien ein: »Er wird doch wohl nicht eine Geliebte haben? Sich mit ihr irgendwo treffen? Und ich sitze hier zu Hause und warte. Also, so geht das nicht! Er wird was zu hören bekommen, wenn er heimkommt! Vielleicht liegt er sogar mit ihr im Bett und hat mich total vergessen? Nein, das glaube ich nicht ... Aber wenn doch ...? In der letzten Zeit ist er so wortkarg... Na, das wäre ja das Letzte! Das kann er nicht mit mir machen! Ich lasse mich scheiden!«

Da ist das Gift, das unaufhaltsam in die Seele tropft. Und auch wenn sich hinterher herausstellen mag, dass die Verzögerung des Mannes eine ganz banale Ursache hatte, kann das Gift im Herzen weiterwirken. Wenn einmal Misstrauen in eine Beziehung eingekehrt ist, dann lässt es sich nicht so leicht wieder entfernen.

Außer dem Misstrauen, das sich in eine Beziehung einschleichen mag – egal auf welcher Seite –, gibt es aber auch noch eine andere Ursache für Gedanken und Phantasien, die wie Gift wirken können. Es ist die Unfähigkeit vieler Männer, über das, was in ihnen vorgeht, mit der Frau zu sprechen, ihr mangelndes Verständnis dafür, dass Frauen in gewisser Weise regelrecht abhängig davon sind, dass der Partner über sein Innenleben spricht. Weil sie selbst meist sehr mit ihren seelischen Vorgängen beschäftigt sind und dies auch gerne äußern. Denn damit können sie es besser verarbeiten. Doch die wenigsten Männer haben in ihren Elternhäusern gelernt, über ihre Gefühle zu sprechen. In den allermeisten Familien war dies ein Tabu. Über Gefühle sprach man einfach nicht. Frauen können es trotzdem, auch wenn sie es ebensowenig gelernt haben daheim, es scheint ihnen angeboren zu sein. Männern dagegen wohl nicht. Sie unterdrücken ihre Gefühle meist, weil diese ihnen im äußeren Leben, vor allem beim Weiterkommen im Beruf, eher hinderlich sind.

In unseren psychotherapeutischen Praxen hören wir ständig die gleichen Klagen: »Mein Mann redet nicht mit mir – oder viel zu wenig.« »Meine Frau bedrängt mich, dass ich reden soll, aber ich weiß nicht, was ich sagen soll.« Und dann beurteilen sich beide mit vergifteten Gedanken.

Was wäre die Lösung? Wir haben dies schon am Ende des Kapitels über die »böse Frau« gefragt. Sie ist verbittert, weil er nicht genügend über sich selbst mit ihr redet, er ist erschöpft von den Anstrengungen der Außenwelt und ihren Forderungen, will nur noch seine Ruhe haben.

Die Lösung könnte lauten, erst einmal alle Gedanken, alle Phantasien aus dem Kopf zu verbannen und einfach nur zu schauen. Sich gegenseitig anschauen, wirklich sehen. Viele Menschen gucken nicht wirklich dahin, wo es etwas zu sehen gibt. Sie sind so fixiert auf den inneren Gedankenfluss, dass ihre Augen die Realität gar nicht mehr richtig wahrnehmen können. Also: Gedanken abschalten und den/die anderen mit vollem Bewusstsein anschauen. Und fragen: »Wer bist du?« Nein, es stimmt nicht, wenn wir sagen: »Wieso soll ich ihn/sie fragen, wer er/sie ist? Ich kenne ihn/sie doch schon so lange, kenne ihn/sie also ganz genau.« Die meisten Menschen kennen ihre Partner, Kinder, Freunde, geschweige denn weiter entfernt stehende Menschen, nicht wirklich. Sie kennen ja nicht einmal sich selbst. Weil sie nicht wirklich hinschauen, weil sie viel zu viel mit allen möglichen Gedanken und Vorurteilen, die sich in ihren Köpfen eingenistet haben wie Ungeziefer auf dem Dachboden, beschäftigt sind.

Wer schon früh gelernt hat, sich seine eigenen Vorstellungen über alles Mögliche zu machen, läuft Gefahr, sich an diesen Gedanken festzuhalten, immer wieder dasselbe zu denken, sich gewissermaßen gedanklich im Kreis zu drehen, oder zu »tunneln«, hin und her, immer dasselbe. Ohne das zur Kenntnis zu nehmen, was wirklich da ist.

So könnte sie zum Beispiel sein Gesicht anschauen, das müde aussieht, und einfach ihre Hand auf die seine legen, ohne zu sprechen. Er könnte ihr erwartungsvolles Gesicht wahrnehmen und sagen: »Lass uns am Sonntag einen langen Spaziergang machen und dann erzähle ich dir, was so gewesen ist diese Woche.« Und dann könnten beide in aller Ruhe und in innerem Frieden ihr Abendbrot essen, ihren Gefühlen nachspüren und die quälenden Gedanken vergessen.

Die Lektion, die Schneewittchens weiteres inneres Wachstum braucht, könnte also lauten: »Hüte dich vor unnötigen Gedanken. Lass sie sich nicht in deinem Kopf festsetzen, lass sie nicht darin kreisen wie wild gewordene Hummeln, lass sie sich nicht einnisten wie ungebetene Gäste. Verscheuche sie, sobald sie auftreten. Halte dich frei von irgendwelchen Vorurteilen, von bösen Ahnungen. Gib Acht, dass dein Herz rein bleibt, dass das Dunkle sich nicht ausbreitet darin. Statt dir irgendwelche Phantasien zu machen, die sehr leicht vergiftet sein können, schaue lieber direkt hin, nimm wahr, was wirklich ist.«

Der Apfel der Erkenntnis

Zum Glück aber war es bald Abend, wo die sieben Zwerglein nach Haus kamen. Als sie Schneewittchen wie tot auf der Erde liegen sahen, hatten sie gleich die Stiefmutter in Verdacht, suchten nach und fanden den giftigen Kamm, und kaum hatten sie ihn herausgezogen, so kam Schneewittchen wieder zu sich und erzählte, was vorgegangen war. Da warnten sie es noch einmal, auf seiner Hut zu sein und niemand die Türe zu öffnen.
 Die Königin stellte sich daheim vor den Spiegel und sprach:
»Spieglein, Spieglein an der Wand,
wer ist die Schönste im ganzen Land?«
Da antwortete er wie vorher:
»Frau Königin, Ihr seid die Schönste hier,
aber Schneewittchen über den Bergen
bei den sieben Zwergen
ist noch tausendmal schöner als Ihr.«
Als sie den Spiegel so reden hörte, zitterte und bebte sie vor Zorn. »Schneewittchen soll sterben«, rief sie, »und wenn es mein eigenes Leben kostet.« Darauf ging sie in eine ganz verborgene einsame Kammer, wo niemand hinkam, und machte da einen giftigen, giftigen Apfel. Äußerlich sah er schön aus, weiß mit roten Backen, dass jeder, der ihn erblickte, Lust danach bekam; aber wer ein Stückchen davon aß, der musste sterben. Als der Apfel fertig war, färbte sie sich das Gesicht und verkleidete sich in eine Bauersfrau, und so ging sie über die sieben Berge zu den sieben Zwergen. Sie klopfte an, Schneewittchen

streckte den Kopf zum Fenster heraus und sprach: »*Ich darf keinen Menschen einlassen, die sieben Zwerge haben mir's verboten.*« – »*Mir auch recht*«, *antwortete die Bäuerin,* »*meine Äpfel will ich schon los werden. Da, einen will ich dir schenken.*« – »*Nein*«, *sprach Schneewittchen,* »*ich darf nichts annehmen.*« – »*Fürchtest du dich vor Gift?*«, *sprach die Alte,* »*siehst du, da schneide ich den Apfel in zwei Teile; den roten Backen iss du, den weißen will ich essen.*« *Der Apfel war aber so künstlich gemacht, dass der rote Backen allein vergiftet war. Schneewittchen lusterte den schönen Apfel an, und als es sah, dass die Bäuerin davon aß, so konnte es nicht länger widerstehen, streckte die Hand hinaus und nahm die giftige Hälfte. Kaum aber hatte es einen Bissen davon im Mund, so fiel es tot zur Erde nieder. Da betrachtete es die Königin mit grausigen Blicken und lachte überlaut und sprach:* »*Weiß wie Schnee, rot wie Blut, schwarz wie Ebenholz! Diesmal können dich die Zwerge nicht wieder erwecken.*«

Nun kommen wir zur dritten, zur schwierigsten, zur geheimnisvollsten Lektion auf Schneewittchens Schicksalsweg. Wiederum sieht es so aus, als hätte sie diese nicht verstanden, und die ganze Sache scheint verspielt, ihre Initiation gescheitert zu sein. Diese Sichtweise können wir aber nur aufrechterhalten, wenn wir von den äußeren Tatbeständen ausgehen. Betrachten wir das Essen des Apfels jedoch auf einer tieferen, auf der mystischen Ebene, sehen wir, dass die Handlung in diesem Märchen folgerichtig ist.

Wir kennen in unserem christlichen Kulturkreis den »Apfel«, den Eva auf Grund der Verheißung der Schlange vom Baum der Erkenntnis brach und Adam davon zu essen gab. Weil Eva damit aber einem Verbot von Gott zuwider handelte, wurde der Apfel in der christlichen Symbolik als Sinnbild der Erde und deren süßen Verlockungen bezeichnet. Doch wir kennen auch den Reichsapfel, der dem jeweiligen

Kaiser übergeben wurde, weil er wegen seiner Kugelgestalt sowohl die Ewigkeit als auch die Erde und damit die ewige Herrschaft auf dieser Erde symbolisiert.

Die Symbolik des Apfels ist so vielfältig, dass wir sie hier nur ansatzweise darstellen können und uns auf die Aspekte, die für dieses Märchen in Frage kommen, beschränken. An dieser Stelle lässt sich ja auch einmal die Frage aufwerfen: Wozu, außer zum tieferen Verständnis eines Märchens, können Menschen von heute Kenntnisse über Symbole verwenden? Uns geht es so, dass die scheinbar banalen Dinge des Alltags wichtig werden, wenn wir ihre Symbolhaftigkeit kennen. Denn letztlich hat alles, was unsere Welt ausmacht, Symbolcharakter, nichts existiert einfach allein aus sich selbst heraus, alles, was uns begegnet, löst ein bestimmtes Gefühl aus – auch wenn wir dies nicht jedes Mal ganz bewusst wahrnehmen; d.h., es verändert den jeweiligen emotionalen Zustand des Betrachters und regt dadurch zu innerem Wachstum an. Wenn Gefühle stereotyp geworden sind, den vergifteten Phantasien gleich die Seele eines Menschen belasten, leiden oder gleichgültig werden lassen, können nur entsprechend starke, neue Symbole diesen Zustand verändern. Zu Beginn dieses Märchens ist eine Situation beschrieben, die einen erstarrten Gefühlszustand darstellt. Intuitiv »weiß« die Königin am Fenster, dass nur ein starkes, neues Symbol diesen Zustand verändern, das Eis der Erstarrung brechen kann: ein Kind, so weiß wie Schnee, so rot wie Blut und so schwarzhaarig wie der Fensterrahmen, ein Kind, das den »großen, starken« Farben des Weiblichen, des Lebens selbst entspricht.

Aber auch deshalb sind Symbole wichtig: Wenn ich die symbolische Bedeutung eines Apfels kenne, kaufe ich nicht einfach nur ein Kilo Äpfel im Supermarkt, sondern ich hole etwas Bedeutsames nach Hause, die Äpfel gewinnen an Bedeutung für mich. Und nach und nach wird so die Welt für mich gehaltvoller, sie erhält einen Sinn. Man könnte fast sagen: sie wird »heilig«. Und das Leben wird intensiver, interessanter und durchscheinender, es gewinnt an Wert.

Doch nun weiter zum Apfel der Königin im Märchen.

Vor einigen Jahren wurde ein Buch zum Bestseller, das vom keltischen Apfelland handelt: »Die Nebel von Avalon«. Avalon hieß bei den Kelten das westliche Paradies – konnte man es über sieben Berge erreichen? – das Apfelland. Dort herrschte Morgan, die Königin des Todes und der Unsterblichkeit. Ist sie auch die Königin in diesem Märchen, die den Tod Schneewittchens will? Oder will sie seine Unsterblichkeit? Das Märchen spricht von der Schönheit dieser Königin, die wohl außergewöhnlich ist. Doch da gibt es jemanden, ein reines Mädchen, das diese außergewöhnliche Schönheit noch übertrifft. Heißt das: das junge Leben ist schöner als der Tod? Natürlich, sagen wir gleich. Aber da gibt es noch zu bedenken, dass das eine – das Leben – und das andere – der Tod – unweigerlich zusammengehören. Schneewittchen muss also zuerst sterben, bevor sie neues Leben hervorbringen kann. Sie soll erfahren – am eigenen Leib, denn nur durch die Eigenerfahrung wird Wissen zur Weisheit –, dass Leben deshalb so kostbar ist, weil es den Tod gibt, weil es nicht ewig währt.

Alles stirbt, selbst die Sonne, glaubten die Menschen in früheren Zeiten und deshalb bezeichneten sie jeweils den Westen ihres Landes als Reich des Todes. Avalon hieß es bei den Kelten, und die Griechen nahmen an, dass die Sonne im Garten der Hesperiden, im Abendland, stirbt. Doch da die Sonne jeden Morgen im Osten wieder aufgeht, kann die Herrscherin des westlichen, des Totenreichs nicht nur eine Göttin des Todes, sondern vielmehr der Unsterblichkeit sein.

Die Hesperiden waren ursprünglich Personifikationen der Schicksalsfrauen, die von der Erdgöttin Hera beauftragt wurden, die goldenen Äpfel im Garten der Hera zu bewachen. Eine Schlange half ihr dabei. Warum wurde der Westen, in dem die Sonne »starb«, als Apfelgarten verstanden? Weil der Himmel im Sterbevorgang der Sonne eine grüngelbe Färbung annimmt, in deren Mitte sich die Sonne wie ein rot gefärbter Apfel zum Todesschlaf hineinlegt. Haben die Märchenerzählerinnen nicht ein sehr stimmiges Bild gefunden, um dieses Geschehen zu beschreiben? Schneewittchen, das nicht nur die Gegensätze Weiß und Schwarz in sich trägt, sondern auch das »Rot wie Blut«, und das nun – folgerichtig – in die rote Seite des Apfels beißt, um »tot« zu Boden zu fallen wie der Apfel, der reif zur Erde fällt! Altes Wissen verschwindet eben nicht, es verkleidet sich nur. Wenn wir lernen, hinter die Verkleidungen zu blicken, können wir es wieder entdecken.

Deshalb schneiden wir jetzt einmal den Apfel, der im Reich der Morgan wächst, auf und schauen, was sich in seinem Inneren befindet. Wir durchschneiden ihn quer, wie dies einst die Zigeunerinnen taten, um ihn dann mit ihrem Liebsten zusammen zu verspeisen – oder zu »vernaschen« – jeder eine Hälfte. Dadurch, glaubten sie, könnten sie ihren Partner zur mystischen Vereinigung mit der Weltseele verhelfen. Wie kamen sie darauf? Sie verfügten über altes Hexenwissen – so wie die Königin im Märchen. Für die weisen Frauen liegt im Apfel der magische Fünfstern verborgen, das Symbol für die griechische Jungfrau, Kore genannt, dem reinen, unschuldigen Mädchen, das vom Todesgott (die Griechen haben den weiblichen Göttinnen männliche Namen gegeben) in die Unterwelt entführt wird, wo ihm ein Kern des Granatapfels angeboten wird. Weil es von dieser Speise gegessen hat, kann ihre Erdmutter Demeter sie nicht wieder gänzlich ins Licht des Lebens zurückholen, sondern nur für zwei Drittel des Jahres. Ein Drittel – hier taucht auch die Drei wieder auf – des Jahres muss Kore, die nun Persephone heißt, in der Unterwelt verbringen und dann gedeiht auf der Erde keine Frucht mehr, es ist still und leblos, kaltes Weiß bedeckt die Erde wie zu Beginn dieses Märchens. Solange Kore oder Schneewittchen in der Unterwelt weilt, gedeiht kein Leben auf der Erde, bzw. erstarrt die äußere Landschaft wie auch die Gefühlswelt der menschlichen Seele.

Was lässt sich nun zur Fünf sagen?[9] Wiederum so vieles, dass wir es hier nicht unterbringen können. Doch das Wichtigste wissen vielleicht schon viele Leserinnen, denn der Fünfstern, das Pentagramm oder der Drudenfuß gelten als magisches Abwehrzeichen gegen die Druden, wie man weibliche Nachtgeister nannte. Friedrich Schiller sah die Fünf etwas anders, denn er schreibt in »Piccolomini«:

Fünf ist
Des Menschen Seele.
Wie der Mensch aus Gutem und Bösem ist gemischt, so
  ist die Fünfe
Die erste Zahl aus Grad' und Ungerade.

Die Fünf besteht also aus der ungeraden, der »männlichen« Drei und der geraden, der »weiblichen« Zwei. Von daher wird sie auch als Zahl der Ehe angesehen. Man findet die Fünf auch häufig als Anzahl der Blütenblätter, die im Frühling aufbrechen, womit sie auch wieder mit dem Leben, das im Frühjahr neu entsteht, in Verbindung gebracht wird. Die Fünf ist unteilbar, sie ist eine Primzahl und wird im Englischen als »lovers' knot« bezeichnet, als Liebesknoten, der unendlich ist.

Jetzt wundert uns also nicht mehr, dass die Königin, die Hexe, die weise Frau, die Schicksalsmutter, Schneewittchen den Apfel bringt, in den es beißt, wie Kore in den Granatapfel. Schneewittchen hat somit seine »Unschuld« schon verloren, ist eingetreten in das Schicksal des Menschlichen, es ist jetzt einerseits sterblich, doch da in ihr neues Leben reifen kann, trägt sie auch zur Unsterblichkeit bei. Das ist das Geheimnis des Weiblichen. Es ist mit dem Leben und dem Sterben vertraut, es trägt die unsterbliche Göttin und die Todeskönigin als Zeichen und ist in jeder Frau verkörpert. Schneewittchen, das göttliche Mädchen, ist mit dem Biss in den Apfel menschlich geworden – eine junge Frau, wie so viele, die sich immer wieder anschicken, den Mann ihres Lebens zu finden, Kinder zu gebären und sich mit den Lasten des Frauseins auseinanderzusetzen, aber auch die Freuden, die das Leben ihnen beschert, zu genießen. Schneewittchen ist jetzt eine von uns.

Aber warum erzählt das Märchen von einem vergifteten Apfel, da er doch an sich als das Symbol für das Leben, die Liebe und den Tod gilt? Hier stellt uns die Christianisierung der alten Symbole eine Falle. Tod und Teufel gehörten für die Kleriker zusammen, Frauen galten entweder als minderwertiges »Material«, das gerade gut genug war, die schöne Frucht aus dem männlichen Samen auszutragen, diese dem Mann zur Verfügung zu stellen und sich dann wieder, unscheinbar werdend, zurückzuziehen; oder sie war die böse Hexe, die anderen etwas Dämonisches anhängen konnte. In unseren Märchen sind Frauen, die über altes weibliches Wissen verfügen, zu Hexen und bösen Zauberinnen gemacht worden, und man lässt sie Gift mischen.

Eigenartigerweise heißt »gift« im Englischen »Geschenk«, und auch wenn wir das etymologische Wörterbuch befragen, finden wir, dass »Gift« von »Gabe« kommt und früher weiblich war. Erst später wurde die Gabe als Neutrum und von daher als »*das* Gift« gebraucht.

Für dieses Märchen heißt dies, die Königin, die Todesmutter überreicht Schneewittchen einfach die Gabe des Apfels, der Tod, Liebe und Unsterblichkeit symbolisiert, als Höhepunkt der Einweihung in das Mysterium des Weiblichen, sozusagen als Kommunion. Und wie es auch heute noch bei der Kommunion und der Konfirmation geschieht, muss der »Leib der Unsterblichkeit« gegessen werden. Es genügt also nicht mehr ein Miederband oder ein Kamm, nein, jetzt geht es um die Einverleibung des Symbols für das ewige Leben.

Auch hierin finden wir wieder uraltes Wissen: Was gegessen werden soll, wird in der Mundhöhle zunächst einmal eingespeichelt. Das genügt auch bei Schneewittchen, es braucht das Apfelstückchen gar nicht zu schlucken. Weil dem Speichel einer Frau in früheren Zeiten – bei vielen Völkern – große Heilkraft zugeschrieben wurde. Er galt sowohl im indischen Tantrismus als auch im chinesischen Taoismus als »große Medizin«. Neben der Muttermilch und dem Menstruationsblut bezeichnete man ihn in China als einen der wunderbaren Yin-Säfte.

An Tieren kann man beobachten, dass die Mütter ihre Jungen nach der Geburt ablecken, wohl nicht nur, um sie zu trocknen, sondern auch, um ihnen eine entzündungshemmende Schutzhaut zukommen zu lassen. Hunde und Katzen lecken ihre Wunden – das ist ja sprichwörtlich geworden: »sich die Wunden lecken«. In der Tat stecken auch Menschen, wenn sie sich in den Finger geschnitten haben, diesen instinktiv in den Mund.

Was ist nun die Erkenntnis, die wir aus dem Überreichen der »Gabe Apfel« ziehen können? Dass es sich hierbei wirklich um ein ganz großes Symbol handelt, das zu Recht »Apfel der Erkenntnis« genannt werden kann. Nur in der Weise, wie wir diesen Apfel der Erkenntnis aus unserem Schöpfungsbericht kennen, dürfen wir ihn nicht verstehen. Denn er ist nicht das Symbol für die Vertreibung aus dem Paradies, er ist das Symbol für das Paradies auf Erden. Dieses Paradies, an dem wir alle Anteil haben, heißt Leben. Und dazu gehört natürlicherweise der Tod und wieder neues Leben, dazu gehören die Liebe und die Schönheit, aber auch die Hässlichkeit, das Böse und Abgründige. Ein Paradies, in dem nur »paradiesische« Zustände herrschen, kann es nicht geben, denn das eine lässt sich nur erkennen und erleben im Unterschied zum anderen. Wenn es das

Böse nicht gäbe, könnten wir das Gute nicht sehen, das Schöne nicht ohne das Hässliche. Also ist das Paradies da, wo alles ist, wo das ist, was notwendigerweise zusammengehört und was, wenn wir es trennen, für sich allein hinfällig werden würde.

Und noch eine Erkenntnis mag uns wichtig sein: Wir täten gut daran, dem Tod ehrlich in die Augen zu schauen, ihn wieder als das Natürliche und vor allem als das Unausweichliche zu erkennen. Wir haben in unserer Kultur ein schiefes Bild vom Tod geschaffen. Einerseits sperren wir ihn möglichst aus unserem Bewusstsein aus, uns läuft schon ein Schauer des Grauens den Rücken hinunter, wenn wir auf der Straße einen schwarzen Totenwagen sehen. Auf der anderen Seite schauen wir uns, mehr oder minder gelangweilt, im Fernsehen und im Kino Thriller an, in denen es massenweise Tote gibt; wir reagieren fasziniert auf Sondersendungen im Fernsehen, die von irgendeinem großen Unglück, einer Katastrophe in der Welt berichten, »so und so viele Tote in ihren Autos bei einem Tunnelbrand«, »so und so viele Tote von Lawinen verschüttet«, »so und so viele Tote bei einem Erdbeben«. Relativ gelassen nehmen wir auch die Kriegsberichte aus der ganzen Welt zur Kenntnis, zucken mit den Achseln und gehen zum Tagesgeschäft über. Aber jeder einzelne Tote ist ein Mensch, der vor kurzem noch warm und lebendig war, hinter jedem einzelnen Toten steht eine Mutter und in jeder Mutter liegt das Mysterium um Leben und Tod verborgen. Auch Frauen, die keine Mütter sind, erleben das Geheimnis von Leben und Tod allmonatlich mit ihrem Blut, das so rot aus ihnen herausrinnt, wie der Apfel, der reif zu Boden fällt, wie Schneewittchen, das nun »rot« geworden, diesem Apfel gleich, zu Boden sinkt.

Der Tod ist für die meisten von uns etwas ganz Unpersönliches geworden, und die geheimen Phantasien vieler Menschen gehen von der eigenen Unsterblichkeit aus. »Ja, ja, dass jeder sterben muss, weiß ich, doch kann ich mir meinen

Tod überhaupt nicht vorstellen«, sagen Menschen, wenn sie ganz ehrlich sind. Sie leben, als gäbe es den Tod nicht, als wären ihre Tage nicht gezählt, als könnte nicht jeder Tag der letzte sein.

Der Apfel der Erkenntnis kann uns also wieder vertraut machen mit dem natürlichen Geschehen hier auf dieser Erde, kann uns helfen, darüber nachzudenken, was wirklich wichtig ist im Leben, worum es mir persönlich in diesem Leben geht, wofür ich es lebe, wie ich es leben will, dass ich eines Tages zur Todesmutter sagen kann: »Ja, ich bin bereit, mit dir zu gehen. Mein Leben war gut, ich habe das aus ihm gemacht, was mir wertvoll war, und jetzt kann ich getrost Abschied nehmen.«

Diese Lektion könnte uns der »Apfel vom Baum der Erkenntnis« lehren, und damit könnten wir uns das Paradies hier auf der Erde schaffen statt zu seufzen, dass wir aus dem Paradies angeblich vertrieben wurden, und nach einem zukünftigen himmlischen Paradies zu schielen, das es möglicherweise nie geben wird.

Der gläserne Sarg

Und als sie daheim den Spiegel befragte:
»Spieglein, Spieglein an der Wand,
wer ist die Schönste im ganzen Land?«
so antwortete er endlich:
»Frau Königin, Ihr seid die Schönste im Land.«
Da hatte ihr neidisches Herz Ruhe, so gut ein neidisches Herz Ruhe haben kann.
Die Zwerglein, wie sie abends nach Haus kamen, fanden Schneewittchen auf der Erde liegen, und es ging kein Atem mehr aus seinem Mund, und es war tot. Sie hoben es auf, suchten, ob sie was Giftiges fänden, schnürten es auf, kämmten ihm die Haare, wuschen es mit Wasser und Wein, aber es half alles nichts; das liebe Kind war tot und blieb tot. Sie legten es auf eine Bahre und setzten sich alle siebene daran und beweinten es, und weinten drei Tage lang. Da wollten sie es begraben, aber es sah noch so frisch aus wie ein lebender Mensch und hatte noch seine schönen roten Backen. Sie sprachen: »Das können wir nicht in die schwarze Erde versenken«, und ließen einen durchsichtigen Sarg von Glas machen, dass man es von allen Seiten sehen konnte, legten es hinein und schrieben mit goldenen Buchstaben seinen Namen darauf und dass es eine Königstochter wäre. Dann setzten sie den Sarg hinaus auf den Berg, und einer von ihnen blieb immer dabei und bewachte ihn. Und die Tiere kamen auch und beweinten Schneewittchen, erst eine Eule, dann ein Rabe, zuletzt ein Täubchen.

Und wieder begegnet uns hier das Glas. Dieses Mal in seiner durchsichtigen Art, beim Spiegel ist es ja mit Silber, Aluminium oder Quecksilber unterlegt. Symbolisiert der Spiegel die Reflexion, die zur Erkenntnis führen soll, so zeigt das durchsichtige Glas ganz klar, was da ist. Es geht also nicht mehr um Verborgenes, das entschlüsselt werden will, jetzt kommt es auf die reine Sicht an. Und diese bietet in diesem Märchen auch einen wunderbaren Anblick: die junge, zu ihrer vollen Schönheit entwickelte Frau liegt in dem durchsichtigen Glas. Hier scheinen sich die winzig kleinen Bewusstseinskristalle, von denen wir zu Beginn des Märchens im Bild des weißen Schnees gesprochen haben, wie zu einem Vergrößerungsglas zusammengesetzt zu haben, um uns zu zeigen, bewusst zu machen, worum es geht. Und hier finden wir auch den »magischen Kessel« von Medea, der Heilerin, wieder. Mit ihm ist nichts anderes gemeint, als es das vorliegende Märchen mit dem gläsernen Sarg beschreibt. Es sind einfach Bilder für das klare Licht des Bewusstseins.

Zwar meinen die Zwerge, Schneewittchen sei tot, doch eigentlich scheint es in einer tiefen Meditation versunken dazuliegen und sich an der erlösenden Glückseligkeit des »Nirvana« zu erfreuen oder das Paradies zu schauen. Schneewittchen ist zwar weiterhin da, doch sie lächelt leise und schweigt. Dieses Schweigen aber, das die Zwerge, weil sie es so nicht kennen, fälschlicherweise als Tod ansehen, löst in den Betrachtern eine große Faszination aus. Nicht nur die Zwerge, auch die Tiere sind angezogen von diesem geheimnisvollen Schweigen, und in dem später vorbeiziehenden Königssohn bricht es alle Gefühlsdämme, er verliebt sich so sehr in diese schweigende Schönheit, dass er meint, ohne sie nicht mehr leben zu können. Er möchte unbedingt die schweigende Frau zu sich auf sein Schloss nehmen.

Hier wollen wir innehalten und uns mit diesem Phänomen ein wenig näher beschäftigen. Es taucht nämlich die Frage auf: »Was hat ein Mann von einer Frau, die zwar sehr schön ist, die aber nichts mit ihm redet?« Vielleicht sagen jetzt die männlichen Leser: »Oh, das wäre wunderbar, eine Frau zu haben, die nicht so viel redet.« Eine, die gar nichts sagt und tut? »Also, vielleicht nicht ganz so stumm, aber doch mit mehr Schweigen.«

Ja, möglicherweise liegt hier die Lösung, die wir im Verlauf des Märchens finden wollten. Jenes Ehepaar, das unglücklich, verhärtet, ratlos beieinander am Tisch sitzt, im Großen und Ganzen »abgeschaltet«, die Ehe der Kinder oder der Finanzen wegen aber noch aufrechterhält, sich aber eigentlich nichts mehr zu sagen hat, beziehungsweise sich nur noch mit Anklagen, Vorwürfen, Rechtfertigungen und ab und zu – von Seiten der Frau – mit einem Wutausbruch konfrontiert. Wäre für sie Schweigen eine Lösung? – Bestimmt, wenn es das richtige Schweigen ist!

Wir alle wissen, wie schwer Schweigen meistens auszuhalten ist, wie sehr es den anderen auch manipulieren kann. Es gibt das trotzige Schweigen eines Kindes, das ärgerliche Schweigen von Müttern, das beleidigte Schweigen von Ehemännern, das eisige Schweigen von zweien, die sich nicht mehr leiden können, das ratlose Schweigen von denen, die sich unverstanden fühlen, das hilflose Schweigen von denen, deren Selbstbewusstsein gleich Null ist, das Schweigen als Schuldbekenntnis, das Schweigen als Bestrafung, kurz, das Schweigen, das ungute Gefühle ausdrückt und auslöst.

Alle diese Arten von Schweigen passen nicht zu dem Schweigen, in dem Schneewittchen sich gerade präsentiert. Hier handelt es sich um eine ganz andere Art von Schweigen. Lassen wir einmal beiseite, dass es im Märchen tot oder wie tot ist. Betrachten wir einmal nur diese faszinierende Art ihres Schweigens. Nehmen wir an, es ist das, welches in

Meditationen gelernt werden kann, wenn Menschen in das Zentrum und damit in die Stille ihrer Seele eintauchen, da hinein, wo der unruhige Geist still, zum Schweigen gebracht wird. Es ist die Stille und das Schweigen, das wir manchmal auch auf Gesichtern von Babys sehen können, nachdem sie »gestillt« wurden, dann satt und zufrieden scheinbar in die Welt zurückkehren, aus der heraus sie kommen. Oder wenn wir in diese kleinen Äuglein blicken, die noch nicht gelernt haben, allem, was sie sehen, einen Namen zu geben und ein Urteil darüber zu fällen. Da ist noch die Unschuld, die nicht unterscheidet, nicht bewertet, die frei ist vom Denken, vom Schlüsse-Ziehen, die keine Konzepte, keine Ansichten und Überzeugungen, keine Theorien und schon gar keine Ideologien kennt. Da ist es noch, das »klare Licht«, so durchscheinend wie der gläserne Sarg, in dem Schneewittchen liegt.

Es befindet sich also in einem »Gefäß« der Reinheit und Klarheit. Es tut nichts, es redet nichts, es weiß nichts. Es ist in der Einfalt, in dem Zustand, in dem alles Eins ist. Und es ist da. Es lässt sich anschauen. Es vermittelt den Betrachtern unendliche Schönheit und Liebe. Schönheit und Liebe, die aus der Stille, aus dem Schweigen geboren werden.

Und hier jetzt die entscheidende Frage: Wieso soll ein Mensch erst »sterben«, um selbst diesen Zustand zu erreichen und anderen diese wohltuende Stille vermitteln zu können? Nein, physisch sterben ist nicht nötig. Doch muss der unruhige, schwatzhafte, besserwisserische, unzufriedene, nörgelnde, haben-wollende Geist zum Schweigen gebracht werden. Das Eigene, das, was wir so allgemein das »Ego« nennen, also die Egozentrik, das überwiegend auf sich selbst und die eigene Befindlichkeit und Bedürfnisbefriedigung Bezogen-Sein, muss sterben. Ich muss gewissermaßen wirklich »einfältig« werden wie ein Narr oder ein Zwerg, nicht immer gleich schon wissen, wie alles zu sein hat, wo es lang geht, was scheinbar gut für die anderen ist, nach dem Motto: »Mama weiß am besten, wann du satt bist.« Von sich selber leer werden, hieße die Übung, die uns Schneewittchen in ihrem gläsernen Sarg vermitteln könnte. Sich selbst verlieren, um das Glück zu finden – das ja dann auch in Gestalt des Königssohnes kommt – zuerst sterben, um dann wirklich leben zu können.

Keine leichte Übung, das wissen wir. Zur Unschuld zurückzukehren, zu werden »wie die Kinder«, ist für die Menschen, welche die Befreiung von den Beschwernissen der Welt, vor allem von den Beschwernissen durch sich selbst anstreben, in der Regel ein lebenslanger Prozess. Es ist oft ein furchterregender Weg, so wie Schneewittchen ihn erlebt hat, als es mutterseelenallein im finstern Wald war, als es von Angst gejagt über sieben Berge laufen musste, bis es die rettende Hütte der sieben kleinen Waldarbeiter erreichte. Und dort lebte es nicht etwa wie eine Prinzessin in einem prächtigen Schloss, sondern es putzte die Küche, kehrte die Stube, kochte ein einfaches Essen, trug den Müll vor die Türe, spülte das Geschirr, nähte Knöpfe an die Wämslein ihrer kleinen Freunde und verbrachte ihre Tage in der Stille und Einsamkeit des Waldes. Es führte ein einfaches Leben und konnte damit seine Einfältigkeit, die Unschuld eines Kindes bewahren. – Welch ein Glück also, dass die »böse Stiefmutter« es aus dem prächtigen Schloss mit all den, sicher intriganten, Hofschranzen gejagt hatte.

Schneewittchens Einweihung ist also doch gelungen, wenngleich dies auf den ersten Blick nicht zu erkennen, beziehungsweise von denen nicht zu erkennen ist, die glauben, es sei tot. Irgendwie konnten auch die Zwerge nicht daran glauben, dass es tot sei, sonst hätten sie es doch begraben. Und der Königssohn spürte sicher ganz tief in seinem Herzen, dass er in dieser Frau, die seine ganze Liebe entfachte, einem Mysterium begegnete, sonst hätte er sie nicht unbedingt mit auf sein Schloss nehmen wollen. Sie spürten es richtig, die Zwerge und der Prinz. Und dieses »richtige Spüren« können wir doch auch auf die Männer übertragen, die plötzlich von einer Frau wissen: »Die ist es! Die oder keine! Das ist meine Frau!« Denn die Liebe findet immer ihr Gegenstück, findet den Menschen, der genau der Richtige ist, findet ihr »Mysterium«.

Aber leider haben wir es verlernt oder noch nicht gelernt, in diesem »Mysterium« zu bleiben, in ihm zu leben. Wir brechen es meistens nur allzu schnell auf, lassen die imaginären Hofschranzen unser Herz besetzen, fangen an zu nörgeln, unzufrieden zu werden, den ganzen »Egoschrott« wieder scheppernd hinter uns herzuziehen. Dann sitzen sich Mann und Frau gegenüber, resigniert, verbiestert, voller Vorwürfe und Anklagen, das klare Licht verdunkelt sich und es ist, als führen sie bei Nacht und Nebel halb blind durch ein Land, das ihnen Angst macht, sie depressiv werden lässt und ihnen die Lebensfreude und vor allem die Liebe raubt. Sowohl die Liebe zum anderen als auch die Liebe zu sich selbst.

Und die Lösung? Zum Schweigen zurückkehren. Nicht zum verbissenen, grollenden, sondern zum lächelnden, zum verstehenden, zum annehmenden. Wenn sie abends bei Tisch zusammensitzen, dann wissen sie doch umeinander. Dann weiß sie, dass sein Arbeitstag anstrengend war, dass es vielleicht Ärger im Büro oder auf der Baustelle gab, dass er jetzt eigentlich erst einmal seine Ruhe braucht. Und er weiß, dass ihr Tag mit den Kindern, mit den eigenen oder denen in der Schule, oder der mit irgendwelchen Kunden, mit der Wäsche und dem Bügeln auch nicht gerade ein Honigschlecken war und dass ihr jetzt vielleicht der Rücken weh tut und sie sich wahrscheinlich sehnlichst wünscht, ihren Kopf einfach nur auf seine Schulter zu legen. Warum also setzt er sich nicht neben sie und sagt: »Lehne dich ein bisschen bei mir an.« Warum stellt sie ihm nicht wortlos das Glas mit dem Getränk hin, das er jetzt am liebsten mag. Sie weiß doch, was er will und braucht. Er weiß doch, was sie will und braucht. Sie kennen sich doch schon lange genug. Und dann könnten sie miteinander zuerst einmal schweigen. Einfach so. Mit liebevollem Herzen füreinander, mit verständnisvollem Wissen umeinander. Sie weiß, dass er weiß, wie es ihr geht. Er weiß, dass sie weiß, wie es ihm geht. Und sie können sich anschauen, ein wenig lächeln und alles, was der andere an Sorgen und Stress mit nach Hause bringt, aufnehmen in ihr Herz, das still ist, es in das innere Schweigen hineinziehen, wo es beruhigt wird, wo es sich auflöst. Die Stille, das Schweigen, das leer ist vom Eigenen, bringt den Lärm der Welt zum Schweigen. Frieden kehrt ein. Ein wunderbarer, stiller Abend – der viel besungene Abendfrieden legt sich über die beiden. Und dann? Wetten, dass dann *er* anfängt zu reden? »Du, ich möchte dir erzählen…«

Wer meint, wir beschreiben hier romantischen Schmus, der fern jeder Realität ist, pflegt mit so einem Denken nur seine alten Vorurteile und Überzeugungen. Der und die haben es noch nicht ausprobiert. Aber genau darum geht es. Nicht gleich sagen: Das ist unmöglich, das ist eine Illusion, dass so etwas bei meinem Mann, bei meiner Frau klappen soll, und schon gar nicht bei den Kindern, die platzen doch sowieso dauernd plappernd, schreiend, streitend herein und wollen dazwischen, die halten uns doch für verrückt, wenn wir schweigend beieinander sitzen.« Möglich, dass sie das tun, doch Mama und Papa könnten sie einfach in ihr Schweigen mit hineinnehmen. Es muss nicht immer gleich alles kommentiert, zurechtgerückt, verteidigt und schon gar nicht abgelehnt werden. Man darf auch einfach mal etwas so stehen lassen. Nicht die Worte, sondern das Tun bzw. Nichttun überzeugt. Wir raten: einfach einmal ausprobieren. Nicht nur einen Abend. Eine ganze Menge Abende, am besten für immer.

Das wäre die Lektion des gläsernen Sargs, das wäre die Lektion, die das Weibliche zu bieten hat, weil Frauen wissen, was Schwangerschaft heißt: auf- und annehmen, ja sagen zum werdenden Kind, still halten, bis es soweit ist, dass es geboren werden kann. Das Neue, das Junge, das unschuldige, das »göttliche Kind«, das neue, starke Symbol, das hier Schneewittchen heißt.

Vor dem Erwachen

Nun lag Schneewittchen lange lange Zeit in dem Sarg und verweste nicht, sondern sah aus, als wenn es schliefe, denn es war noch so weiß als Schnee, so rot als Blut und so schwarzhaarig wie Ebenholz. Es geschah aber, dass ein Königssohn in den Wald geriet und zu dem Zwergenhaus kam, da zu übernachten. Er sah auf dem Berg den Sarg und das schöne Schneewittchen darin, und las, was mit goldenen Buchstaben darauf geschrieben war. Da sprach er zu den Zwergen: »Lasst mir den Sarg, ich will euch geben, was ihr dafür haben wollt.« Aber die Zwerge antworteten: »Wir geben ihn nicht um alles Gold in der Welt.«

Es ist noch nicht so weit, dass Schneewittchen erwachen kann. Es fehlt noch etwas sehr Wichtiges. Das Wichtigste, das uns Menschen aufgegeben ist, heißt »Bewusstheit«. Deshalb sind wir der Tierhaut entwachsen und Menschen geworden. Was also mag uns bewusst werden, wenn wir die in einem todesähnlichen Schlaf liegende junge Frau betrachten? Was spüren die Zwerge, warum können sie es nicht begraben? Sie sind traurig und verzweifelt. Weil sie – das unterstellen wir ihnen hier einmal – wissen, dass in vielen Menschen, sowohl Frauen als auch Männern, das Gefühl, das Weibliche in einem todesähnlichen Schlaf liegt. Diese Menschen sind darüber so hart geworden, dass nichts mehr sie zu erreichen und zu bewegen scheint – kennt man aber ihre Träume und heimlichen Phantasien, so ergibt sich glücklicherweise ein ganz anderes Bild, das sie jedoch selbst kaum kennen.

Der gläserne Sarg, in dem Schneewittchen liegt, ist ein weiteres, sehr drastisches Bild von dem, wie weit wir uns von unserem Gefühl entfernt haben können. Und doch ahnen wir auch immer etwas, was unter dem durchsichtigen Glas liegt. Aber genau hier zeigt sich schon der heftige innere Konflikt: Eigentlich weiß ich, was mit mir los ist, doch ich will es nicht wissen, es macht mir zu viel Angst. Wenn ich genauer hinschauen und auf die meist sehr leise innere Stimme achten würde, stünde ich möglicherweise vor Entscheidungen, vor denen ich mich im Moment nur fürchten kann. Die Konsequenzen scheinen mir zu schwierig oder zu belastend. Vielleicht stünde eine Neuorientierung an, die sich auf meine zur Zeit gelebte Beziehung, auf meine religiöse oder auch politische Orientierung, auf meine bisherigen Freundschaften oder was auch immer beziehen kann. Der gläserne Sarg bleibt zu, ich verändere nichts. Dafür lassen sich dann viele »gute Gründe« finden.

Aber sind es wirklich gute Gründe, wenn sie mich in einem todesähnlichen, bewusstlosen, d. h. völlig unbewussten Zustand belassen? Frage ich dann vielleicht oder sogar sehr wahrscheinlich gegen Ende meines Lebens, oder auch schon früher: »War das alles?«

Aber man lebt halt so weiter, was soll man auch tun. Ja, was? Die Seele hat viele Möglichkeiten, mich auf meinen Zustand aufmerksam zu machen. Ein guter und sicherer Weg ist die Beachtung der Träume und die innere Arbeit mit ihnen, das Gespräch über sie mit dem ernsthaften Wunsch, ihre Botschaften zu verstehen.

Und das Märchen zeigt – später – noch einen anderen Weg: das Stolpern, denn dadurch konnte Schneewittchen vom vergifteten Apfelstück befreit werden. Hier kann der vergiftete Apfel so verstanden werden, wie wir die Vergiftung der Seele durch Festhalten an alten Vorstellungen und Gedankenwelten im Kapitel über den vergifteten Kamm beschrieben haben.

Da gibt es Ereignisse im Leben, die uns erschüttern, über die wir buchstäblich stolpern, mit deren Hilfe wir erkennen können, was unsere Seele vergiftet hat, was uns im Hals stecken geblieben ist, was wir nicht herunterschlucken konnten. Ist es alter Hass, der uns immer noch an Rache denken lässt? Ist es Neid, der uns seit Jahren zerfrisst und unserer Seele den Frieden raubt? Ist es die ständige Angst um Geld und Rente, die uns so oft nicht schlafen lässt? Oder ist es gar – das gefährlichste Gift, das viele von uns in sich tragen – das ständige Nörgeln an mir selbst, die unbarmherzige Kritik, die kein gutes Haar an dem lässt, was ich tue, der völlig überhöhte, nie zu erreichende Anspruch an mich und die anderen, der die Tage zur Hetzjagd werden lässt, der mir früher oder später den Atem nimmt?

Vieles andere mehr könnte hier noch aufgezählt werden. Jede/r von uns kennt solche vergifteten Apfelstückchen im Hals, die uns mit der Zeit lähmen und uns die Lebenskraft rauben.

Es ist in der Tat schwierig, alte Gewohnheiten aufzugeben, von denen wir auch oft behaupten, sie seien »lieb gewordene«. Man sollte eher sagen, sie machen uns träge, und wir sind schon in einer Depression gefangen, wenn wir uns als »Gewohnheitstiere« bezeichnen. Das Lebendige scheut Gewohnheiten, es mag Trägheit nicht. Dem Lebendigen, das neugierig und experimentierfreudig ist, das kreativ nach Neuem Ausschau hält, ganz viel Raum in unserem Leben zu geben, ist die einzige Möglichkeit, Schneewittchen in uns erwachen zu lassen.

Ein Freund erzählte von einem Ortsfest, bei dem er mit anderen, zum Teil schon seit langem bekannten Männern zusammensaß und sich mit der Zeit nicht nur schrecklich langweilte, sondern auch immer wieder denken musste: »Können denn diese Männer über nichts anderes mehr reden und nachdenken?« Ihn beschäftigt seitdem die Frage, wie er diese Kontakte in Zukunft gestalten kann, ohne die anderen zu verletzen, was er nicht will. Aber einfach so weiter dabei sein, mag er auch nicht. Er möchte auch Volleyball spielen, was nur in der Gruppe geht. Am nächsten Abend ruft ihn sein bester Freund an und erzählt ihm praktisch genau das Gleiche: Auch er war auf einem Fest (nicht auf dem gleichen, er lebt in einer ganz anderen Stadt) und nicht nur ärgerlich, sondern auch traurig darüber, dass die Männer den ganzen Abend nur über Autos und Aktien geredet haben. Beide fragen sich nun, angesichts dieser Synchronizität, was eigentlich mit den Männern, zu denen sie ja auch gehören, los ist.

Hier wird auch noch etwas anderes deutlich: Die Gruppe, das Kollektiv, in der, in dem wir leben, hat eine enorme Macht, die unser Verhalten steuert. »Das kann ich doch nicht tun oder sagen, denn ...« spukt es in unseren Köpfen herum. Vielleicht ist dieser Konformitätszwang gerade bei Männern besonders stark und steuernd, denn ein Mann steht schnell allein und isoliert da, wenn er nicht ist und tut, wie die anderen sind und tun. Wieder bleibt der vergiftete Apfel im Hals stecken, die kollektive Unbewusstheit hat das Sagen.

Dann jedoch ereignet sich auch nicht der wunderbare Reifungsschritt, den das Märchen am Ende beschreibt: ein Mann findet sein Schneewittchen, ein König seine Braut. Denn König und Königin stellen im Märchen die herrschenden Bewusstseinsdominanten dar. Das heißt die Faktoren in der Persönlichkeit, welche die weitere Entwicklung bestimmen und fördern. Ein König regiert eben, das ist sein Geschäft. So wird auch unser Leben von vielen inneren, seelischen und geistigen Kräften gesteuert, die aber, wie hier, in engstem Bezug zu den lebendigen Gefühlen stehen sollten. Es ist heute ja schon gründlich erforscht, dass es keine geistige Reaktion ohne Gefühlsbeteiligung gibt. Wenn die Gefühle verdrängt sind oder nicht wahrgenommen werden, ändert das nichts an dieser Tatsache, wohl aber am Glück und an der Lebensqualität der betreffenden Menschen.

Mit einer Hochzeit verbinden wir ja auch heute noch Vorstellungen und Wünsche von großem persönlichem Glück. Wenn prominente Paare, vor allem aus den europäischen Königshäusern, heiraten, schauen sich Millionen von Menschen diese Hochzeit im Fernsehen an und sind auf eine besondere Weise davon berührt und fasziniert. Wahrscheinlich identifizieren sie sich mehr oder weniger bewusst mit Braut und Bräutigam, hoffend, dass sich auch in ihrem Leben das große Glück noch ereignet.

Das große Glück

Da sprach er: »So schenkt mir ihn, denn ich kann nicht leben, ohne Schneewittchen zu sehen, ich will es ehren und hochachten wie mein Liebstes.« Wie er so sprach, empfanden die guten Zwerglein Mitleiden mit ihm und gaben ihm den Sarg. Der Königssohn ließ ihn nun von seinen Dienern auf den Schultern forttragen. Da geschah es, dass sie über einen Strauch stolperten, und von dem Schüttern fuhr der giftige Apfelgrütz, den Schneewittchen abgebissen hatte, aus dem Hals. Und nicht lange, so öffnete es die Augen, hob den Deckel vom Sarg in die Höhe und richtete sich auf und war wieder lebendig. »Ach Gott, wo bin ich?« rief es. Der Königssohn sagte voll Freude: »Du bist bei mir«, und erzählte, was sich zugetragen hatte, und sprach: »Ich habe dich lieber als alles auf der Welt; komm mit mir in meines Vaters Schloss, du sollst meine Gemahlin werden.« Da war ihm Schneewittchen gut und ging mit ihm, und ihre Hochzeit ward mit großer Pracht und Herrlichkeit angeordnet.

Was ist das »große Glück«? Die Sehnsucht aller Menschen, die Ausdruck findet im Ende der meisten Märchen, im »Happyend« vieler Liebesgeschichten. Es ist wohl die uralte Sehnsucht nach dem Paradies, aus dem wir uns vertrieben fühlen. Für die meisten Menschen, vor allem für Frauen, bedeutet das Paradies meist eine liebevolle Partnerschaft, eine glückliche Ehe. Fast sieht es so aus, als käme man nur zu zweit ins Paradies. Doch unsere Welt besteht aus Gegensätzen, und wenn wir die Paare, die voller Freude und

Glückseligkeit durch das Tor ins Paradies geschritten sind, nach einigen Jahren dort besuchen wollen, treffen wir sie oftmals da nicht mehr an. Sie sind inzwischen in die Hölle gegangen. Weil das Paradies die Hölle bedingt. So wie sich das Gute nicht ohne das Böse – und umgekehrt – denken und erleben lässt, so kann es kein Paradies ohne Hölle geben. Der Durchgang von diesem einen in diesen anderen Erlebensbereich ist meist nicht so leicht zu erkennen, wir merken erst in der Hölle, dass wir dort sind, wo wir doch eigentlich gar nicht hinwollten. Wir wollten für immer im Paradies bleiben. Nun sind wir enttäuscht. Statt jedoch in der Enttäuschung, die sich zur Verbitterung oder Resignation ausweiten kann, stecken zu bleiben, können wir schauen, wodurch sie zustande gekommen ist. Nicht um einen Schuldigen dafür zu finden, sondern in dem Sinne, diese Täuschung aufzulösen.

Als Grundregel, wenn das Zusammenleben mit anderen – Ehepartnern, Freunden, Kindern, Nachbarn, Kollegen, Vorgesetzten oder wem auch immer – nicht klappt, kommt als erste und bedeutendste Ursache dafür eine ungenügende Beziehung zu sich selbst in Betracht. Ich mag mein inneres Kind nicht, das vertrauens- und hingebungsvolle Schneewittchen, das natürlich, spontan, intuitiv ins Leben hineinlaufen möchte. Mein inneres Wesen, mein Ursprung ist immer unschuldig, voller Lebensfreude, Kreativität und Spontaneität, voller Witz und Fröhlichkeit. Es ist das »göttliche Kind«, mein innerer, ganz persönlicher Zugang zum Göttlichen, zum Schicksal, das mir wohl gesonnen ist, wenn ich, wie Schneewittchen, arglos, voller Vertrauen sowohl das Leben als auch den Tod annehme.

In diesem inneren Kind finden wir auch das Mütterliche, denn aus diesem wurde es geboren.

Auf russischen Ikonen finden wir oft das Motiv der Gottesmutter mit dem Kind im Arm. Es sind wunderschöne Bilder von einer starken Anziehungskraft. Natürlich ist es, der männlichen Tradition zufolge, immer der Sohn, den die Gottesmutter auf dem Schoß hält. Innerpsychisch können wir uns jedoch so ein Bild auch anders herum vorstellen: Das Kind trägt in seiner Mitte die Mutter, nämlich das eigene Mütterliche, mit dem jeder Mensch in der Lage ist, mit sich selbst mütterlich liebevoll, sorgend und pflegend umzugehen.

Es ist völlig gleichgültig, wen wir in die Mitte des inneren Bildes setzen, die Mutter oder das Kind, welches sowohl ein Junge als auch ein Mädchen sein kann. Mutter und Kind gehören einfach zusammen, ohne Mutter gibt es kein Kind, ohne Kind keine Mutter. Wenn wir diese natürliche Tatsache erkennen, annehmen und für uns in nährender Weise in Anspruch nehmen, haben wir keine Schwierigkeiten mehr mit dem Glück, dann ist es einfach da, für immer. Die innige Vereinigung von Mutter und Kind ist die einzige Art, wirklich glücklich zu sein. Diese suchen wir – unbewusst zumeist – in jeder Partnerschaft, jeder Freundschaft, in der Liebe zur Natur und in der Gottesmystik. Nur meistens suchen wir sie nicht in uns selbst, dort, wo sie wirklich zu finden ist. Es ist, als spielten wir »Blindekuh«, und wenn wir hören »heiß«, dann machen wir schleunigst einen Bogen um das, was uns eigentlich gewinnen lassen will. Dann suchen wir mit viel Aufwand und Anstrengung, aber ohne Chance, außen herum und glauben schließlich, das Glück gäbe es gar nicht, es entspringe lediglich einem frommen »Ammenmärchen«.

Und in der Tat: die meisten Märchen gaukeln uns mit ihrem »Happyend« etwas vor, was es so im wirklichen Leben nur ansatzweise gibt. Viele Märchen enden mit der Vereinigung der Gegensätze, der Hochzeit des Königssohns mit der Königstochter. Es lockt uns hiermit auf eine falsche Fährte. Nicht in dieser Hochzeit ist das wahre Glück zu finden – wenngleich es natürlich nicht ausgeschlossen ist, dass Mann und Frau miteinander glücklich sein können. Doch wie lange? Einige wenige schaffen es viele Jahre, die meisten scheitern schon nach kurzer Zeit. Die Ausgewogenheit, Ausgeglichenheit mag zustande kommen, wenn Gegensätze sich vereinen, doch damit ereignet sich nicht, gewissermaßen automatisch, das Glück. Ausgeglichenheit ist kausal und rational, Glück jedoch beruht auf einem Wert, einem Gefühl und das ist weder kausal zu erreichen noch rational zu begründen. Man kann es nicht durch Arbeit und Leistung oder durch mancherlei Vergnügungen erzielen, womit vielleicht der alte König in diesem Märchen seine Zeit verbringt, auch ein »gutes Mädchen sein« garantiert es nicht, wie es die Leidensgeschichten vieler Frauen zeigen. Durch Neid, Missgunst und Eifersucht ist es nicht zu erlangen, das sehen wir an der bösen Königin. Selbst die fleißigen Zwerge können es nicht aus dem Berg schürfen. Nur Schneewittchen scheint vom Glück gesegnet zu sein. Was hat es anzubieten, dass das Glück sich seiner annimmt?

»Vertrauen und Hingabe« heißt der Code, der ihm das Tor zum Paradies öffnet. Weil es seinem Schicksal vertraut, kann es sich dem, was gerade ist, hingeben. Wenn es sich im dunklen Wald ängstigt, dann ängstigt es sich, wenn es nur winzig kleine Bissen zum Essen findet, dann ist es mit dem Wenigen zufrieden. Obwohl eine Königstochter, murrt es nicht, dass es ganz normale Hausarbeit in einem kleinen Zwergenhaus verrichten soll. Und arglos, fest im Vertrauen, dass es gut und richtig ist, was ihm geschieht, kann es die Gaben der alten Hexe annehmen. Es akzeptiert sogar den Tod, denn sonst würde es nicht so friedlich und still in seinem gläsernen Sarg lächeln. »Vertrauen und Hingabe« bewirken, dass Schneewittchen in seiner ganzen Schönheit erstrahlen kann, die weit über die angespannte, angst- und hassvoll gehütete der bösen Königin hinausgeht.

»Ja, Märchenhelden und –heldinnen mögen sich so ein Vertrauen und solche Hingabe leisten können«, sagen jetzt vielleicht Leser und Leserinnen, »aber wir normalen Menschen würden mit dieser Haltung nicht in der Lage sein, unseren Alltag zu meistern.«

»Oh doch«, antworten wir, »Vertrauen in das eigene Schicksal und Hingabe an das, was dieses Schicksal gerade anbietet, erleichtern jedem Menschen das Leben, lassen jeden Menschen das wahre Glück finden.« Weil es bedeutet, sich selbst ganz anzunehmen und nicht zu hadern mit dem Schicksal, das sowieso besser weiß, was für uns gut ist, als dass wir selbst dies wissen können. Im Einklang mit dem Schicksal sein, heißt Frieden zu schließen mit sich selbst und mit anderen. Und diesen Zustand nennt man Glück.

Das Märchen weiß darum, denn es endet noch nicht mit der Hochzeit des neuen jungen Herrscherpaares. Es gibt noch etwas für sie zu erledigen und für uns zu verstehen.

Das Paradies auf Erden

Zu dem Fest wurde aber auch Schneewittchens gottlose Stiefmutter eingeladen. Wie sie sich nun mit schönen Kleidern angetan hatte, trat sie vor den Spiegel und sprach:
»Spieglein, Spieglein an der Wand,
wer ist die Schönste im ganzen Land?«
Der Spiegel antwortete:
»Frau Königin, Ihr seid die Schönste hier,
aber die junge Königin
ist noch tausendmal schöner als Ihr.«
Da stieß das böse Weib einen Fluch aus, und ward ihr so angst, so angst, dass sie sich nicht zu fassen wusste. Sie wollte zuerst gar nicht auf die Hochzeit kommen: doch ließ es ihr keine Ruhe, sie musste fort und die junge Königin sehen. Und wie sie hineintrat, erkannte sie Schneewittchen, und vor Angst und Schrecken stand sie da und konnte sich nicht regen. Aber es waren schon eiserne Pantoffeln über Kohlenfeuer gestellt und wurden mit Zangen hereingetragen und vor sie hingestellt. Da musste sie in die rotglühenden Schuhe treten und so lange tanzen, bis sie tot zur Erde fiel.

Das Märchen bleibt bis zum Schluss bei seiner patriarchalen Einstellung, doch wir wollen ebenso hartnäckig bis zum Ende herausfinden, was die Erzählerinnen uns »zwischen den Zeilen« deutlich machen wollten.

Im patriarchalen Denken, in dem das Gute und das Böse auseinandergerissen sind, gibt es Strafe, Rache und Vergeltung. Das Böse wird verfolgt, ihm selbst wird Böses angetan, was zur Folge hat, dass es immer böser wird, auch hier ein wahrer Teufelskreis. So spricht das Märchen davon, dass die Königin, die offenbar Schneewittchen nach dem Leben trachtete, ebenfalls grausam behandelt werden muss, sie wird verurteilt, sich in glühenden Schuhen zu Tode zu tanzen. Wenn Märchen jedoch etwas aufzeigen, was über die jeweilige Zeit hinausreichen, was wirkliche Veränderung und Erneuerung bringen soll, dann dürfen wir diesem Ende keinen Glauben mehr schenken, dann müssen wir es herausnehmen aus unserer Sicht. Denn Böses mit Bösem zu vergelten bringt nichts Neues in unsere Köpfe, im Gegenteil, es verfestigt nur die alten Strukturen, die sich jedoch nicht bewährt haben, wie man sehen kann, wenn man sich in der Welt so umschaut.

Da wir Märchenerzählerinnen für Zukunftskünderinnen halten, tun wir also gut daran, genau hinzusehen, wie sie ihre Geschichten aufgebaut haben. Und wieder empfiehlt es sich, das, was im Märchen geschieht, zu zählen und den Schluss mit dem Beginn zu vergleichen. Im dritten Satz des Anfangs finden wir ein Wort, das wir auch im letzten Satz des Endes finden: »Rot«. Und weil ja, wie schon ausgeführt, »aller guten Dinge drei« sind, weil sie von den Schicksalsfrauen kommen, wird das Rot ja auch in der Mitte im Bild des rotbackigen Apfels erwähnt. Diese drei Rot sind sozusagen die Pfeiler des Märchens, auf diese Farbe stützt sich das Ganze. In der letzten Szene finden wir diese drei Farben genauso wie zu Beginn: weiß wie Schnee, rot wie Blut, schwarz wie Ebenholz hieß es zu Beginn und nun sind versammelt: Schneewittchen, die rotglühenden Schuhe und die alte Frau.

Schuhe symbolisieren aufgrund ihrer Form unter anderem das weibliche Genitale – vielleicht kaufen deshalb Frauen so gerne Schuhe – so wie Füße ein Symbol für den Phallus sein können. »Rotglühende Schuhe« würden also die erwachte, menstruierende Weiblichkeit bedeuten. Die alte Frau aber blutet nicht mehr, sie trägt die Farbe Schwarz und geht dem Tode zu, natürlicherweise und nicht als Strafe oder gar Rache.

Das Märchen endet demnach in einer von der Natur vorgegebenen Zeitabfolge und nicht grausam, wie es das patriarchale Denken gerne sieht. Grausamkeit dient Herrschern zum Festigen ihrer Macht, sie ist keine Haltung, die dem Weiblichen entspricht. Lassen wir uns also nicht täuschen und verfallen wir nicht länger einer Sichtweise, die uns allen schadet. Solange es die Grausamkeiten in der Welt gibt, bleiben wir aus dem Paradies verstoßen. Solange wir uns einreden lassen, dass Böses mit Bösem vergolten werden muss, bleibt uns das Tor zum Paradies versperrt.

Aber letztendlich geht es genau darum. Wir alle wollen dorthin, alles Streben, das wir Menschen veranstalten, dient dem Zweck, doch endlich wieder ins Paradies zu gelangen. Warum wir jedoch immer noch nicht dort sind, liegt daran, dass wir ganz unrealistische Vorstellungen davon haben, wie es geschaffen ist, was dort gilt, was uns dort erwartet. Also schauen wir uns zum guten Schluss noch einmal um und betrachten, was wir von ihm wissen, vom legendären Paradies.

Als Erstes – ganz wichtig! –: das Tor zum Paradies symbolisiert auch das weibliche Genitale. Demnach müssen wir dort hinein, da hindurch, wenn wir die Wonnen, die das Paradies uns verspricht, genießen wollen.

Nun wäre es ein bisschen zu eng gedacht, wenn wir lediglich an die Sexualität dabei dächten. Obwohl die Sexualität ganz wesentlich dazugehört. Und natürlich die Liebe. In ihr liegt die Energie, die das Paradies ausmacht. Dass Liebe Grausamkeit verabscheut, ist wohl klar. Womit wir jetzt nicht das Böse wieder ausschließen oder gar negieren wollen. Wir wehren uns nur gegen die Zwangsläufigkeit, die im männlichen Denken herrscht.

Das Paradies finden wir nicht irgendwo da draußen, in irgendeinem Land, wie es sich die Menschen früherer Zeiten vorgestellt haben. Wir können es nur in uns selbst entdecken, in der eigenen Seele. Dort aber gibt es keine Trennung von Gut und Böse, Weiß und Schwarz, Hell und Dunkel, dort ist das alles beieinander.

In einem Lied, das eine junge Frau geschrieben hat, Inga Leimbacher, die selbst auf der Suche nach diesem Paradies ist, kommt es schön zum Ausdruck, worum es hier geht:

> das
> du bist das
> was darunter liegt
> du bist das
> was niemand sieht
> du bist das
> was darüber schwebt
> du bist das
> was jeder will
> du bist still
> du bist still
>
> ich bin das
> was nach dir schreit
> ich bin das
> was nicht verzeiht
> ich bin das
> was dich vertreibt
> ich bin das
> was uns entzweit
> ich bin das
> was ich nicht will
> ich bin das
> ich bin das
>
> oh geliebter, kommst du mit
> die große stille finden?

oh geliebte, siehst auch du,
wir können hier unendlich glücklich sein!

denn wir sind das
wir sind das
wir sind das

SYA, 24.08.2001

Nun sind wir nach einer weiten Reise, die wir – über sieben Berge hinweg – miteinander gemacht haben, am Ziel angekommen. Schauen wir uns doch zum Schluss noch einmal um, wo wir diese Reise begannen und wo wir gelandet sind.

Aufgebrochen sind wir mitten im Winter in einem Königreich, in dem die Königin einsam an einem Fenster saß, nähte, sich in den Finger stach und sich ein Kind wünschte »so weiß wie Schnee, so rot wie Blut und so schwarz wie der Ebenholzfensterrahmen«. Dann haben wir dieses Kind, Schneewittchen, begleitet auf seinem beschwerlichen und gefährlichen Weg zur erwachsenen Frau.

Dabei sahen wir, wenn wir aus dem Fenster unseres Reisewagen geblickt haben, allüberall Menschen sitzen, die unglücklich, einsam wie die Königin, verbittert, voller Angst und Aggressionen in ihrem Leben wie eingeschnürt und gefangen dasaßen. Was ist ihnen geschehen? Die zweite Gemahlin des Königs hat es uns durch ihren Neid, Zorn und Hass gezeigt: schon vor langer Zeit wurden ihre Gefühle und damit ihre Würde verletzt. Ihr Wert wurde zunichte gemacht, denn Gefühl, Würde und Wert gehören zusammen, sie sind das, was man Qualität, Lebensqualität nennt. Nicht das, was jemand hat oder tut, nicht der Reichtum eines Königs oder Spitzenmanagers, nicht das Vergnügen, das man sich am Wochenende oder im Urlaub gönnt, machen die Lebensqualität aus, sondern der Wert ist es, der aus dem Teil einer Spezies erst ein Individuum entstehen lässt.

Und hier hat die Menschheit an einer bestimmten Stelle einen Irrweg eingeschlagen, indem sie Gut und Böse auseinander gerissen, das Gute dem männlichen und das Böse dem weiblichen Geschlecht zugeordnet hat. Von da an ist ganz vieles schief gelaufen und hat zu so unendlich viel Leid in der Welt geführt, in das auch die lebendige Kreatur mit einbezogen war. Dieser Irrweg ist noch nicht zu Ende, was wir unter anderem an den Viehtransporten, die in einer zum Himmel schreienden Weise noch immer stattfinden, sehen können.

Und doch wächst das Bewusstsein für das Unrecht, das man Minderheiten antut, stetig. Wir glauben und hoffen, dass es kräftig weiterwachsen wird, dass die Menschheit diesen Irrweg verlässt und den rechten Weg zu ihrer Bestimmung, ihrem Ziel findet. Wie es heißt, dieses Ziel? Wir wissen es ja schon lange, vielleicht schon immer, es ist das Paradies. Und hier wollen wir auch unsere Reise mit Schneewittchen abschließen.

Woher stammt eigentlich sein Name?

»Das persische Pairidaeza (Paradies) war ein Zaubergarten, der den heiligen Berg der Götter und Göttinnen umgab und in dem der Lebensbaum mit der Frucht der Unsterblichkeit wuchs. Pairidaeza war auch die göttliche Jungfrau, die den zukünftigen Erlöser zur Welt bringen sollte: den Mahdi, Messias, Retter oder ersehnten Ritter sarazenischer Gralsmythen. Schiitische Araber warten immer noch auf die Ankunft der Jungfrau Paradies, der nächsten Heiligen Mutter.«[10]

Zur Jungfrau Paradies können wir auch Schneewittchen sagen. Es verkörpert die Verheißung von Frieden und Liebe, wenn Neid, Hass und alle Grausamkeiten ins Schweigen sinken. Dann erwacht die Schönheit, wie Schneewittchen im gläsernen Sarg zu neuem Leben erwacht ist. Neue, veränderte Beziehungen werden dann möglich sein und es wird viel, viel stiller auf der Welt. Solange wir einen derartigen Krach machen wie zur Zeit, können all die feinen, zarten Gefühle gar nicht wahrgenommen werden. Wir müssen also zunächst das Stillsein üben, das gute, versöhnliche, verständnisvolle Schweigen, müssen einander bewusst anschauen und wirklich interessieren füreinander. Still, wie bei einem Gebet. Heute sagt niemand mehr zu seiner Geliebten, zu seinem Liebsten: »Ich bete dich an.« Das klingt in unseren Ohren kitschig und verstaubt. Und doch würde es sich lohnen, diesen Staub zu entfernen, die Ohren, die durch den täglichen Krach schon ganz verklebt sind, zu reinigen und wirklich wie in einem Gebet den anderen, die anderen zu betrachten.

Und nun schauen wir noch ein letztes Mal auf die Schlussszene des Märchens: »*Da musste sie in die rotglühenden Schuhe treten und so lange tanzen, bis sie tot zur Erde fiel.*«

Wir wissen ja jetzt, dass Schuhe das weibliche Genitale und die Farbe Rot das Blut symbolisieren. In der »heiligen« Drei erscheint das Rot in diesem Märchen, zu Beginn, am Ende und in der roten Seite des Apfels, der Lebens- und Liebesfrucht. Von daher können wir annehmen, dass die letzte Szene des Märchens in Avalon spielt, dem geheimnisvollen Paradies der Kelten.

Das »böse Weib« tanzt also in den roten Schuhen gen Westen, dahin, wo die Sonne, bevor sie in die Unterwelt eintritt, ihre rotglühende Scheibe zum Zeichen für das immer wiederkehrende Leben am Horizont sichtbar werden lässt.

Mag dieses glühende Rot auch Zeichen sein für die Kraft der Liebe, die Schneewittchen und ihre Nachfolgerinnen mit ihren jeweiligen Partnern, den Rittern des Friedens, der künftigen Welt schenken.

ANMERKUNGEN

1 Laotse, Tao Te King, Das Buch des Alten vom Sinn und Leben, Jena, 1921, S. 57
2 Carola Meier-Seethaler, Von der göttlichen Löwin zum Wahrzeichen männlicher Macht, Stuttgart, 1993
3 Barbara Walker, Das geheime Wissen der Frauen, Frankfurt/Main, 1993, S. 98/99
4 Ebenda, S. 1033
5 Christa Wolf, Medea, Stimmen, Gütersloh, 1996, S. 71
6 Ebenda, S. 233
7 Ebenda, S. 115
8 Jeremy Narby, Die kosmische Schlange, Stuttgart, 2001
9 Franz Carl Endres, Annemarie Schimmel, Das Mysterium der Zahl, München, 1992, S. 120
10 Das geheime Wissen der Frauen, S. 835

Die Deutsche Bibliothek – CIP-Einheitsaufnahme
Ein Titeldatensatz für diese Publikation ist bei
Der Deutschen Bibliothek erhältlich

1 2 3 4 5   06 05 04 03 02

© Kreuz Verlag GmbH & Co. KG Stuttgart, Zürich 2002
Ein Unternehmen der Verlagsgruppe Dornier
Postfach 80 06 69, 70506 Stuttgart, Tel. 0711-78 80 30
Sie erreichen uns rund um die Uhr unter www.kreuzverlag.de
Umschlaggestaltung: Atelier Reichert, Stuttgart
Umschlagbild: Premium/Chroma Zone
Foto der Autoren: Studio Jacobs, Lindau
Satz: de·te·pe, Aalen
Druck und Bindung: Clausen & Bosse, Leck
Die Schreibweise entspricht den Regeln
der neuen Rechtschreibung.
ISBN 3 7831 2087 X

Entschlüsseln Sie die Rätsel Ihres Lebens mit der Reihe »Mit Märchen leben«

Hans Jellouschek
Ich liebe dich, weil ich dich brauche
Der Froschkönig
ISBN 3 7831 1939 1

Hans Jellouschek
Wie ein Mann zur Liebe findet
Die Froschprinzessin
ISBN 3 7831 1940 5

Hans Jellouschek
Wie man besser mit den Wünschen seiner Frau umgeht
Vom Fischer und seiner Frau
ISBN 3 7831 1941 3

Ingrid Riedel
Wie aus der ungeliebten Tochter eine starke Frau wird
Frau Holle
ISBN 3 7831 1942 1

Angela Seifert
Auch des Vaters liebste Tochter wandelt sich zur Frau
Dornröschen
ISBN 3 7831 1943 X

Angela Seifert
Befreit durch einen Wutausbruch
Rumpelstilzchen
ISBN 3 7831 1944 8

Hildegunde Wöller
Wie aus der Ungeliebten die Auserwählte wird
Aschenputtel
ISBN 3 7831 1945 6

Verena Kast
Vom Vertrauen in das eigene Schicksal
Der Teufel mit den drei goldenen Haaren
ISBN 3 7831 1946 4

Verena Kast
Wie man wirklich reich wird
Ali Baba und die vierzig Räuber
ISBN 3 7831 1968 5

Ingrid Riedel
Wie ein abgelehntes Kind sein Glück findet
Hans mein Igel
ISBN 3 7831 1969 3

Lutz Müller
Mit Pfiffigkeit durchs Leben
Das tapfere Schneiderlein
ISBN 3 7831 2006 3

Helmut Remmler
Mit 40 fängt das Leben an
Der Königssohn, der sich vor nichts fürchtete
ISBN 3 7831 2007 1

KREUZ: Was Menschen bewegt.
www.kreuzverlag.de

Der Schlüssel zur Märchenwelt

Das Kleine Handlexikon der Märchensymbole versteht sich als ein Fremdenführer in ein Land, dem wir im Herzen näher sind als im Kopf. Darüber hinaus stellt es einen Schlüssel dar, der vieles von dem verstehbar macht, was in den Einzelbänden der Reihe »Mit Märchen gesagt« angesprochen wird.

Das einzige Lexikon speziell für Märchen!

140 Seiten, Hardcover
DM 24,90; sFr. 24.50
Bestell-Nr. 1934

KREUZ: Was Menschen bewegt.
www.kreuzverlag.de